English
Français
Deutsche
Italiano
Español
Português

www.forgottenbooks.com

Mythology Photography **Fiction**
Fishing Christianity **Art** Cooking
Essays Buddhism Freemasonry
Medicine **Biology** Music **Ancient
Egypt** Evolution Carpentry Physics
Dance Geology **Mathematics** Fitness
Shakespeare **Folklore** Yoga Marketing
Confidence Immortality Biographies
Poetry **Psychology** Witchcraft
Electronics Chemistry History **Law**
Accounting **Philosophy** Anthropology
Alchemy Drama Quantum Mechanics
Atheism Sexual Health **Ancient History**
Entrepreneurship Languages Sport
Paleontology Needlework Islam
Metaphysics Investment Archaeology
Parenting Statistics Criminology
Motivational

Regiomonfanus,

(Joh. Müller aus Königsberg in Franken)

ein

geistiger Vorläufer des Columbus.

Von

Alexander Ziegler.

Dresden.

Carl Höckner.

1874.

Herrn

Dr. Breusing,

Director der Steuermannsschule in Bremen

ein Zeichen

seiner Hochachtung.

Ruhla,
1. März 1874.

Alexander Ziegler.

Es ist gewiß von weltgeschichtlichem Interesse, daß mitten im Binnenlande Deutschlands, fern von den Küsten des Meeres, ein großer deutscher Mann das Licht der Welt erblickt hat, der als Reformator der Sternkunde und Mathematik um die Entwickelung der nautischen Astronomie und der damit in engster Verbindung stehenden oceanischen Schifffahrt die größten Verdienste gehabt hat. Dieser große deutsche Mann nannte sich Regiomontanus. Durch seine spätere Uebersiedelung nach Nürnberg ist dieser Stadt die große Ehre vindicirt worden, daß die nautische Astronomie ihre größten wissenschaftlichen Fortschritte Nürnberger Astronomen verdankt und wenn durch ihn und Bernhard Walther, einen Schüler des Regiomontanus, das Studium der Astronomie und Mathematik zuerst an Nürnberg gefesselt wurde, so knüpfte der berühmte Nürnberger Seefahrer Martin Behaim — auch ein Schüler des Regiomontanns — das Band zwischen der Sternkunde der Deutschen und der Nautik der Spanier und Portugiesen.

Zur Lösung der uns gestellten Aufgabe wollen wir zunächst eine gedrängte Lebensskizze des Regiomontanus

vorausschicken, hierauf seinen Aufenthalt in Nürnberg in
Bezug auf die von ihm dort geschaffenen Werke und
verfertigten astronomischen Instrumente mit Beifügung
der später entstandenen Regiomontanus-Literatur näher in
das Auge fassen, sodann auf seine großen Verdienste in
Bezug auf die griechische Literatur, die Astronomie, Mathematik, Mechanik und die Verbesserung des Kalenders hinweisen und schließlich, auf die Verdienste des Regiomontanus
um die epochemachenden geographischen Entdeckungen seines
Jahrhunderts übergehend, den Beweis zu führen suchen,
daß Regiomontanus durch seine Verbesserung des Astrolabiums mit der stereographischen Horizontalprojection,
sowie durch seine Erfindung des Jakobsstabes, welche
beide Instrumente von Martin Behaim in die portugiesische Marine eingeführt wurden, — vornehmlich aber
durch seine zuerst in Nürnberg erschienenen, auf 32
Jahre, von 1474 bis 1506 berechneten „Ephemeriden“,
die Columbus am Bord gehabt, die Küstenschifffahrt in
eine Seeschifffahrt umgewandelt hat und somit in erster
Linie als einer der geistigen Entdecker Amerikas, als ein
Vorläufer des Columbus zu betrachten ist.

In der kleinen Stadt Königsberg in Unter-
franken wurde am 6. Juni 1436 Johannes Müller,
der später so berühmt gewordene Astronom und Mathematiker, geboren, der unter dem Beinamen Regiomontanus, d. i. der Königsberger, in der ganzen gelehrten Welt
bekanut ist. Johannes Müller nannte sich nach seiner

Vaterstadt Regiomontanus, auch de monte Regio, Joannes de Regiomonte, öfter auch Hans de Kungsberg, Königsberg, Kunisperger, Germanus oder Francus, mitunter, wie v. Murr angibt, auch Miller oder Molitor, weil sein Vater, der auch Johannes Müller geheißen, ein Müller in dem nahe gelegenen Dörfchen Unfind gewesen sein soll, welchen Ort v. Murr als die eigentliche Geburtsstätte des berühmten Astronomen betrachtet wissen will. Nach anderen Schriftstellern soll Regiomontanus in Königshoven in Franken, nach Anderen wieder, z. B. nach Starovolsci, der sich durch den lateinischen Namen täuschen läßt, sogar in Königsberg in Preußen geboren sein. Die Widerlegung dieser Ansichten ist nicht nöthig; denn Regiomontanus ist, wie gründliche Untersuchungen mit Bestimmtheit ergeben haben, in Königsberg bei Haßfurt in Unter-Franken geboren. Diese Stadt mit ungefähr Eintausend Einwohnern, wohl die kleinste unter den zahlreichen Städten gleichen Namens in Preußen, Hessen, Böhmen, Ungarn u. s. w., mit dem Schloß desselben Namens, früher ein Besitzthum der alten Grafschaft Henneberg, liegt in dem von königl. bayerischem Gebiet umschlossenen, nur neun Ortschaften enthaltenden Amtsbezirk Königsberg, der seit 1400 schon an das Haus Sachsen gefallen, durch Vertrag vom 12. November 1826 an das herzogliche Haus Sachsen-Coburg-Gotha übergegangen ist. Das ursprüngliche Geburtshaus des Regiomontanus wird in Königsberg noch mit

1*

Stolz gezeigt und die Erinnerung an denselben daselbst durch eine Regiomontanus-Schule, durch ein im Jahre 1871 gegründetes würdiges Denkmal*) und durch einen unter dem Namen „Vinum Regiomontanum" gezogenen Wein wachgerufen.

Schon im zwölften Jahre seines Lebens vollkommen reif und fähig zum Besuch der Universität, verließ Regiomontanus seine Vaterstadt, studirte in Leipzig Philosophie, Mathematik und Astronomie (nicht Theologie) und begab sich in seinem 15. Jahre, also im Jahre 1451, nach Wien, wo er ein Schüler des im 28. Lebensjahre stehenden Georg Peurbach oder Purbach wurde, der seinen berühmten Namen nach der Sitte der damaligen Zeit von dem in Oesterreich ob der Ens nahe der bayerisch-österreichischen Grenze gelegenen Orte Purbach, wo er am 30. Mai 1423 geboren wurde, angenommen. Peurbach, dessen Name, sowie der seines großen Schülers Regiomontanus, mit dem Andenken der Wiederherstellung der Wissenschaften verflochten ist, hat zuerst Regiomontanus eine Idee von der „Theorie der Planeten" gegeben, um ihn auf das Studium des Ptolemäus vorzubereiten und ließ ihn später auch mancherlei geometrische und astronomische Aufgaben lösen; auch hat er später wahrscheinlich viele Beobachtungen mit ihm angestellt, von denen jedoch nur drei Mondfinsterniß-Beobachtungen erhalten sind,

*) s. Abbild. Illustr. Zeitung, 25. Nov. 1871.

(vergl. Willebr. Snellius: coeli et siderum in eo errantium observat. Hassiacae. Lugd. 1618 p. 12 et 14).

Im Uebrigen ist Peurbach schon 1440 in Wien Magister der freien Künste und der Weltweisheit geworden und hat unter Andern den ersten Grund zur Wiener Universitätsbibliothek gelegt, indem er seiner Fakultät alle seine Bücher und Instrumente schenkte. In den Jahren 1448—1450 unternahm Peurbach eine Reise nach Italien, erfreute sich in Rom des Umganges des gelehrten Cardinals von Cusa, hielt in Padua und Ferrara auf Anregung Blanchinus' oder Bianchini's öffentliche Vorträge über die Sternkunde, wurde später, wenn auch vergeblich, vom König Ladislaus von Ungarn mit einem ansehnlichen Jahresgehalt zu der Stelle eines Hofastronomen berufen und ist, kaum 38 Jahre alt, als eine Zierde der Hochschule in Wien, als einer der größten Astronomen und Lehrer der Sternkunde in dem Jahre 1461 in Wien gestorben. Den größten Ruhm hat sich Peurbach als Verfasser der Theoricae Planetarum erworben, welches Werk beinahe ein Jahrhundert die Hauptquelle des astronomischen Studiums geblieben ist. Ob Peurbach ein Schüler des bekannten Astronomen und Mathematikers Johann von Gemünden*), am Traunsee

---

* Johannes de Gmunden oder de Gemunde (Johann oder Hans von Gemünd in Schwaben) — sein Familienname ist Nyder — soll viele vortreffliche Schüler in der Astronomie gebildet haben, deren Namen — mit Ausnahme von Georg Pruner aus Ruspach — jedoch nicht auf uns gekommen sind. Ob Peurbach sein Schüler ge-

gebürtig, gewesen, ist nicht nachzuweisen, wenn auch beide vielleicht zu gleicher Zeit in Wien gelebt haben.

Durch seinen Lehrer Peurbach lernte Regiomontanus den berühmten 1395 zu Trapezunt geborenen Griechen, den als päpstlichen Legaten an den kaiserlichen Hof geschickten Cardinal Bessarion, einen der Wiedererwecker des Studiums der griechischen Literatur in Europa kennen, auf dessen Anregung und Einladung er nach dem Tode Peurbachs nach Italien resp. Rom ging. Daselbst studirte Regiomontanus die griechische Sprache mit dem größten Eifer, sammelte viele Manuscripte, vollendete die von Peurbach angefangene Uebersetzung des Almagest des Ptolemäus, übersetzte die Werke mehrerer griechischer Mathematiker wie die des Apollonios Conicos, Serenos Cylindrica u. A. und lernte den Sprachenkenner Georg von Trapezunt kennen, der gerade damals mit einer lateinischen Uebersetzung des Ptolemäus und dessen Commentators Theon beschäftigt war. Nach der Abreise des Cardinals Bessarion begab sich Regiomontanus (von Rom?) nach Ferrara. Hier lernte er den fast 90=

---

wesen, dürfte sehr zweifelhaft sein. Das Geburtsjahr von Johannes ist nicht bekannt, wahrscheinlich fällt es um 1380. Soviel ist aber gewiß, daß er i. J. 1406 in Wien Magister der freien Künste und der Philosophie wurde und seit der Zeit Astronomie lehrte. Er starb den 23. Febr. 1442. Von seinen Schriften ist keine einzige durch den Druck bekannt geworden, bis auf einen gedruckten Kalender in lateinischer Sprache (s. Stern in der Encyklopädie von Ersch und Gruber. Zweite Section unter: Johannes de Gmunden.

jährigen Astronomen Bianchini oder Joh. Blanchinus kennen, hielt dann in Padua astronomische Vorlesungen, wobei er den Afraganus zu Grunde legte und beendigte im Kloster St. Georg in Venedig, wo er fast ein Jahr verweilte, seine wichtige Schrift de Doctrina Triangulorum oder de triangulis i. J. 1463.

In Folge dieses Hauptwerkes der mathematischen Literatur wird Regiomontanus als der Urheber der Trigonometrie betrachtet, wenn ihm dieses Verdienst auch der Italiener Formaleoni in seinem „Saggio sulla Nautica antica de Veneziani 1783“ jedoch ohne hinreichenden Grund hat absprechen wollen. Die von Regiomontanus in Venedig ausgebildete Trigonometrie war jedenfalls ein Werk, das zuerst die Bahn brach, auf der diese Wissenschaft allmälig zu ihrer heutigen Höhe gelangt ist. Regiomontanus war jedenfalls in Deutschland der Erste, der sich mit Eifer auf das Studium und die Verbesserung der völlig vernachlässigten Algebra legte; man kann ihn aber auch den tiefsinnigen Begründer resp. Vervollkommner der Trigonometrie nennen, der namentlich die Lehre von den Tangenten ausgebildet hat*) Auch hat er die arabischen Zahlzeichen eingeführt und das Decimalsystem vervollständigt. Im Frühling 1464 ging

*) Regiomontanus a depuis, d'après le gnomon de Purbach fait une table de tangentes pour tous les dégres du quart de cercle. Il l'appelle Table feconde; cependant il n'en fait guère d'autre usage que celui de calculer le sinus de la diffé-

Regiomontanus (vergl. Doppelmayr hist. Nachr. S. 4), da er den Bessarion in Venedig nicht erwarten konnte, wiederum nach Padua und dann nach Rom, brachte noch mehrere Jahre in Italien zu und kehrte zuletzt um 1468 in Folge großer Streitigkeiten, die zwischen ihm und dem Georg von Trapezunt sowie dessen Söhnen in Folge der von Regiomontanus nachgewiesenen fehlerhaften Uebersetzung des Ptolemäischen Almagest und dessen Commentators Theon ausgebrochen waren, schleunigst nach Wien zurück.

Wie eifrig sich Regiomontanus während seines Aufenthaltes in Italien mit der griechischen Sprache beschäftigt und welche bedeutende Fortschritte er gemacht haben muß, geht daraus evident hervor, daß er, der früher wegen seiner Unkenntniß der griechischen Sprache die noch nicht übersetzten Schriften des Diophantes, Apollonius und Anderer nicht lesen, ja den Archimedes nur nach der von Jacob von Cremona gelieferten Erläuterung studiren konnte, nicht nur mit ausgezeichneten Kennern der griechischen Sprache, wie Bessarion, Theodorus von Gaza, Guarini u. A., in innige Berührung gekommen ist, sondern auch den Ptolemäus und Theon in der Ursprache kennen gelernt, zahlreiche griechische Codices gesammelt und mit eigener Hand abgeschrieben u. A. auch

---

rence ascensionelle. La Table féconde de Regiomontan a été etendue par Reinhold à toutes les minutes du quart de cercle. Rheticus l'a étendue à toutes les dixaines de sécondes.

Histoire de l'astronomie du moyen age par M. Delambre. Paris 1819 p. 284.

ein griechisches Testament, den schon von Peurbach ange=
fangenen und fast bis zur Hälfte gebrachten Auszug aus
dem Ptolemäus vollendet, griechische Verse gemacht und
eine gründliche Widerlegung der vermeintlichen Quadratur
des Cirkels, die der Cardinal von Cusa in seiner Schrift:
tractatus de quadratura circuli gefunden haben wollte,
veröffentlicht hat. Diese Abhandlung des Regiomontanus:
„de Quadratura circuli" i. J. 1463 war Tos=
canelli gewidmet. Auch mit Georg von Trapezunt, dessen
Uebersetzungen des Ptolemäus und Theon er einer strengen
Kritik unterwarf, gerieth Regiomontanus, wie bemerkt, in
Rom in unangenehme Streitigkeiten und Zänkereien, die
ihn wohl zunächst veranlaßten, Italien den Rücken zu
kehren.

Nach siebenjährigem Aufenthalt in Italien kehrte
daher Regiomontanus mit vielen Handschriften und lite=
rarischen Schätzen versehen nach Wien zurück und ver=
waltete daselbst bis zum Jahr 1468 sein Amt als Pro=
fessor der Mathematik und Astronomie, das ihm schon
nach Peurbachs Tode übertragen worden war. Im Jahre
1468 wurde Regiomontanus an den Hof des geistreichen
Matthias Corvinus, des Freundes und Beförderers ma=
thematischer Studien, nach Ungarn berufen, um von
den überall in Griechenland zusammengekauften Hand=
schriften eine Bibliothek in Ofen anzulegen. In dem
Zeitraum von zwei Jahren hatte er sich dieser Aufgabe
nicht nur zur Zufriedenheit des Königs entledigt und dafür

ein Ehrenkleid, 800 Gulden und die Verheißung eines
Gehaltes auf Lebenszeit erhalten, sondern auch, wie
Doppelmayr angibt, die Tabulae primi mobilis für den
König, die verbesserten Tabulae Directionum perfec-
tionumque (astrologischen Inhalts), sowie ein und zwanzig
Problemata über das Torquetum für den Erzbischof
von Gran ausgearbeitet. Der böhmischen Unruhen wegen,
in welche schon nach wenigen Jahren sein königlicher
Freund und Gönner, der kriegerische Matthias Corvinus
mit Podiebrad von Böhmen verwickelt wurde, verließ
Regiomontanus Ungarn und erkor sich — nicht, wie es
allgemein heißt, im Frühjahre, sondern im Herbste 1471
— Nürnberg zum Aufenthalt. Die dem Meister Johann von Königsberg, Astronomo, gegebene Erlaubniß,
in Nürnberg zu bleiben, datirt wenigstens vom Freitag
den 29. November 1471.

Nach einem fast vierjährigen Aufenthalt in Nürnberg,
auf den wir sogleich ausführlicher zurückkommen werden,
war das Aufsehen, welches die in Nürnberg publizirten
Ephemeriden gleich nach ihrem Erscheinen erregten, so groß,
daß Regiomontanus durch Papst Sixtus IV. das Bis-
thum von Regensburg übertragen und er somit zum Bischof von Regensburg ernannt, zugleich aber durch ein
eigenhändiges Schreiben des Papstes beauftragt wurde,
vor Uebernahme des Amtes nach Rom zu kommen,
um dort eine Reform des Kalenders zu begründen resp.
auszuführen. Im Juli des Jahres 1475 — die letzte

von ihm in Nürnberg angestellte Beobachtung datirt vom
28. Juli 1475 — verließ Regiomontanus Nürnberg,
reiste nach Italien und starb, kaum 40 Jahre alt, am
6. Juli 1476 an der Pest, oder der Sage nach durch
griechisches Gift, welches ihm die Söhne des Georg von
Trapezunt für die Beschimpfung ihres Vaters, in dessen
Uebersetzungen Regiomontanus grobe Fehler aufgedeckt, bei=
gebracht hätten. Sein Leichnam wurde in der Todtenhalle
des Pantheon des Marcus Agrippa beigesetzt, wo ich
aber, beiläufig gesagt, sein Grab bei meiner öfteren An=
wesenheit in Rom nicht habe auffinden können.

Dies sind in Kurzem und Wesentlichem die wenigen
biographischen Nachrichten über unseren berühmten Lands=
mann, die ich aus den verschiedensten Quellen zusammen
zu stellen im Stande gewesen bin. Die Ernennung zum
Bischof von Regensburg ist wohl nur als eine äußere
Ehrenbezeugung zu betrachten, da Regiomontanus, soviel
man weiß, Theologie nicht studirt hat und wenn dies
der Fall gewesen, gewiß auch von ihm theologische
Schriften bekannt geworden wären. Auch scheint Regio=
montanus unverheirathet gewesen zu sein und keinerlei
Nachkommen zurückgelassen zu haben. Gewiß ist es be=
klagenswerth, daß wir über die näheren Lebensumstände,
besonders über die Jugendzeit eines Mannes nicht mehr
wissen, welcher der Menschheit Wahrheiten enthüllte, die, so
lange es eine erdgeborene Menschheit geben wird, die wich=
tigsten und erhabensten aller Wahrheiten bleiben werden.

Werfen wir jetzt, bevor wir auf die Verdienste des
Regiomontanus um die epochemachenden geographischen
Entdeckungen seines Jahrhunderts übergehen, noch einen
Blick auf die interessanteste und wichtigste Periode in
seinem Leben und Wirken, auf seinen mehrjährigen Aufenthalt in Nürnberg (1471—1475), wohin er von
Ungarn übergesiedelt war, „da dort — wie er seinem
Freunde, dem berühmten Philosophen und Mathematiker
Christian Roder in Erfurt i. J. 1471 schrieb — nicht
nur die Instrumente, besonders die astronomischen, worauf
die ganze Sternkunde beruht, bequem eingerichtet sind,
sondern auch von dort aus mit Leichtigkeit nach allen
Seiten Verbindungen mit der ganzen gelehrten Welt
unterhalten werden können, denn jenen Ort darf man
wegen der Reisen der Kaufleute gewissermaßen als den
Mittelpunkt Europas ansehen" (Nuperrime Norim-
bergam mihi delegi domum perpetuam, tum propter
commoditatem instrumentorum maxime astronomi-
corum, quibus tota sideralis innititur disciplina, tum
propter universalem conversationem facilius haben-
dam cum studiosis viris ubicunque vitam degentibus,
quod locus ille perinde quasi centrum Europae
propter excursum mercatorum habeatur").

Und in der That war Nürnberg damals der ver-
mittelnde Hauptpunkt des Handels und Verkehrs zwischen
Italien und Deutschland und umfaßte in seinen Mauern
viele ausgezeichnete Männer, Künstler, Mathematiker, Me-

chaniker, mit deren Hülfe Regiomontanus, dem selbst ein
großes Talent zu mechanischen Künsten zu Gebote stand,
die damals gebräuchlichen astronomischen Instrumente ge=
nauer herstellen, verbessern und neu anfertigen konnte.
Als Regiomontanus im Herbste des Jahres 1471 — in
dem Geburtsjahre Albrecht Dürers — sich in Nürnberg
niederließ und mit ihm, wie Gassendi sagt, alle Musen
durch Nürnbergs Thore einzogen, konnte diese Stadt,
deren glänzendste Zeit von der Mitte des 15. Jahr=
hunderts an beginnend bis in die Mitte des 16. Jahr=
hunderts währt, damals durch den Gewerbfleiß ihrer
Bewohner, durch ihre Anstalten für Wissenschaft und
Kunst und den Zusammenfluß von Gelehrten und Künst=
lern als die Metropole deutscher Bildung und deutschen
Kunstfleißes angesehen werden. Kunst und Handwerk,
wissenschaftlich reger Trieb zur Forschung und gewerblich
praktisches Leben hatten sich hier inniger als in irgend
einer andern Stadt verschmolzen. In Erfindungen und
gewerblichen Unternehmungen übertraf Nürnberg alle an=
deren Städte.*)

*) So wurde u. A. im Jahre 1356 schon Geschütz und Pulver
von einem gewissen Meister Sanger verkauft und i. J. 1390 zu St.
Johannes Tag zu Sunnwenden von Ullmann Stromer, Rathsherr
und Chronikschreiber, eine Papiermühle auf der Glaißmühle (Hader=
mühle) erbaut. Ja es war die Papierfabrikation schon 1390 (f.
Stromerbüchlein Bl. 102 lt. Hegel, Chronik I p. 77) in großartigem
Maßstabe eingeführt. Durch die Familie Holbein war von Ravens=
burg aus diese Industrie über ganz Süddeutschland ausgebreitet
worden (vergl. Osc. Hase: Die Koburger S. 28). Ferner erfand

Es würde zu weit führen, wenn man hier alle jene ausgezeichneten Männer, z. B. Maler Michael Wohlgemuth, Lehrer Albrecht Dürers (geb. 1434, gest. 1519), Rothschmied und Bildgießer Peter Vischer (gest. 1529), Verfertiger des berühmten Sebaldusgrabes, Bildhauer Adam Kraft (geb. 1430 zu Ulm, gest. 1507 im Spital zu Schwabach), Verfertiger des Sakramentshäusleins in der St. Lorenzkirche, Holzbildner und Bildschnitzer Veit Stoß (geboren in Nürnberg 1447, gestorben daselbst 1553), Verfertiger des englischen Grußes in der St. Lorenzkirche, Hans Sachs (geb. 1494, gest. 1576), „Schuh=macher und Poet dazu", welcher dritthalbhundert Meistersänger um sich versammelte u. v. A. oder Nürnbergs Glocken= gießer (Meister Conrad und Andreas, gest. 1472 und 1480), Stückgießer (Sebald Behaim, der Stückgießer ließ auf seine Kosten durch Johann Werner die Elemente des Euklid ins Deutsche übersetzen, damit seine Söhne mehr als er selber ihre Kunst aus festen, mathematischen Gründen verstehen und betreiben lernen möchten), Erz= und Kunstgießer (Pankraz Labenwolf, gest. 1563, ein würdiger Mitmeister Peter Vischers), Baumeister, Orgel= bauer (Burkhard und Conrad Rotenburger), Kunstschreiner

---

u. A. im Jahre 1440 der Bürger Rudolph das Drahtziehen und Hans Lobsinger i. J. 1560 die Windbüchse. Im Jahre 1482 gab es bereits Brillenmacher, 1517 ward das erste Feuersteinschloß hier ge= fertigt und 1520 schoß man schon nach der Scheibe. Im Jahre 1621 wurden sogar von Johann Putz und Leonhardt Oßwaldt Hinterla= dungsgewehre gefertigt.

(Meister Sebald Beck), Kunstschlosser (Casp. Werner), Uhrmacher und Mechaniker (Hans Bullmann, Erfinder der Planetenuhr, gest. 1533, Peter Hele oder richtiger Henlein, Erfinder der Taschenuhren, der sog. Nürnberger Eier, und viele andere Gewerbskünstler*) nennen wollte, welche die Gewerbe nur an der Hand der Wissenschaft und Kunst auszubilden suchten. Die anregende Wirksamkeit Regiomontanus' beschränkte sich während seines Aufenthaltes in Nürnberg freilich nicht nur auf die Gebiete der Astronomie und Mathematik, sondern erstreckte sich auch auf die Künste und damals noch eng mit denselben verbundenen Gewerbe, auf Mechanik und Maschinenwesen, ja sogar auf die sogenannten schönen Künste, u. A. auf die Tonkünstler, von denen sich viele durch technisches Geschick im Verfertigen und Erfinden musikalischer Instrumente, z. B. Hans Meuschel, der Posaunenmacher, Hans Hayden, der Erfinder des Geigen-Clavicymbels u. A. auszeichneten, wie dies Dr. G. H. Schubert in seiner geistreichen

---

*) Außer Neudörffer's Nachrichten von Nürnbergischen Künstlern (herausgegeben von Campe und in einer leider nicht vollständigen Bearbeitung mit reichhaltigen Noten von Joseph Heller in Beiträgen zur Kunst- und Literatur-Geschichte. Nürnberg. Riegel u. Wießner 1822); Will's Nürnbergisches Gelehrten-Lexikon, 8 Thl. in 4.; ferner Will's Münzbelustigungen, 4 Thl. in 4.; Doppelmayr's Schrift von den Nürnbergischen Mathematikern und Künstlern in Folio ist über Kunst und Literatur in Nürnberg das Neueste: Jos. Baader's Beiträge. Nördlingen 1860 und 1861 und Priem, Joh. Paul: Geschichte der Stadt Nürnberg von dem ersten urkundlichen Nachweis ihres Bestehens bis auf die neueste Zeit. 2 Bd. in 12 Lief. Nürnberg, Zeisers Buchh. 1873.

Schrift (Peurbach) und Regiomontanus ꝛc.) vortrefflich nach=
gewiesen. Von Regiomontanus, dessen rastloser reichbe=
gabter Geist dem Kunstfleiß einer ganzen Stadt einen
neuen Impuls ertheilen konnte, datirt der hohe Ruhm,
den Nürnberg unter allen deutschen Städten in Künsten
und Wissenschaften genießt und den noch jetzt Reisende
aus allen Weltgegenden in den Denkmälern der altehr=
würdigen Noris bewundern.

Wir müssen uns hier zu unserem Zweck begnügen
mehr die astronomischen und mathematischen Verdienste
Regiomontanus' ins Auge zu fassen und darauf hinzuweisen,
daß Regiomontanus in Nürnberg eine bis dahin noch
niemals in Deutschland in solchem Grade vorgekommene
Liebe zur Mathematik und Astronomie hervorrief, daß
Nürnberg nach dem Zeugniß von Erasmus Reinhold noch
später die meisten berühmten Akademien übertraf. „Nach
einer wohlverbürgten Ueberlieferung," sagt Schubert in
seiner obengenannten Schrift, „hat Regiomontanus, aufge=
fordert hierzu von dem edlen Magistrat der Stadt, in
Nürnberg öffentliche Vorlesungen über Mathematik und
Astronomie gehalten, die ersten dieser Art, in solchem
Sinne und zu solchem Zwecke." In Hinblick auf diese
großartige mannigfache Thätigkeit Regiomontanus', aus
der eine neue Periode für die mathematischen Wissen=
schaften in Deutschland hervorging und in Hinblick auf
die in Nürnberg vorhandene Tüchtigkeit im bürgerlichen
Geschäft war es Regiomontanus vergönnt, nach seinem

Tode nicht nur astronomische und mathematische Werke und
Instrumente, sondern auch andere geistige Schöpfungen zu-
rückzulassen, die ihn als einen großen Wohlthäter darstellen.

Zu diesen geistigen Schöpfungen gehört u. A. die
große Schule der mathematischen Wissenschaften, die zu
Lebzeiten des Regiomontanus entstanden, lange nach seinem
Tode fortgeblüht hat und der eine große Anzahl ausgezeichneter Männer beigezählt werden können, die sich mehr
oder minder um die verschiedenen Zweige der Astronomie,
Mathematik, Arithmetik, Geometrie, Optik u. s. w. ver-
dient gemacht haben. Von den hauptsächlichsten Reprä-
sentanten dieser Schule mögen hier u. A. genannt werden:
Bernhard Walther, der Freund und Schüler Regiomontanus' (geb. 1430, gest. 1504), der seinen Lehrer um
30 Jahre überlebte und der, wenn er auch nicht den
vielseitigen Geist und die mannigfaltigen Kenntnisse des
Regiomontanus besaß, doch ohne Widerrede der ausge-
zeichnetste astronomische Beobachter seines Zeitalters und
nach Regiomontanus Tod das Haupt und Orakel der
damaligen Astronomen war*); Martin Behaim, um 1459
in Nürnberg geboren und zwar im Hause S. 17 am
Markt, dicht beim Walther'schen Wohnhause, einer der
gelehrtesten Mathematiker und Astronomen seines Jahrhunderts, berühmter Seefahrer und portugiesischer Kosmograph, auch ein Schüler des Regiomontanus, gestorben

---

*) E. F. Apelt: Die Reformation der Sternkunde. S. 55.

in Lissabon 1506; Johann Werner (geb. 1468, gest.
1528), ein guter Himmelsbeobachter und vorzüglicher
Geometer, der u. A. über die Kegelabschnitte und nach
Anleitung seines Freundes Stabius in Wien über die
horizontale stereographische Projection schrieb und 1514
schon den Gebrauch der Mond=Distanzen anempfahl;
Hartmann Schedel (geb. 1440 zu Nürnberg, gest. 1514)
practizirte in seiner Vaterstadt, nachdem er in Padua
1466 die Doctorwürde erworben, als geachteter Arzt
und lag historischen und antiquarischen Studien ob, von
denen seine mehrmals in lateinischer und deutscher Sprache
gedruckte Chronik Zeugniß ablegt; Johann Schoner (geb.
1477 zu Karlstadt in Franken, gest. 1547 in Nürn=
berg), Lehrer der Mathematik in Nürnberg, schrieb ein
zu seiner Zeit sehr geschätztes Lehrbuch der Astrologie,
gab Regiomontanus' hinterlassene Schriften heraus, ver=
öffentlichte die Beobachtungen Bernhard Walthers durch
den Druck 1544 und verfaßte das Opusculum geographicum, für die Geschichte der Entwickelung der geo=
graphischen Kenntnisse jetzt noch merkwürdig, als eine
Abspiegelung des kosmographischen, die neue Erweiterung
der Erdkunde noch mit der alten Geographie des Ptole=
mäus verbindenden Systems; Conrad Heinfogel (1470
bis 1530), Mathematiker in Nürnberg, unterstützte Joh.
Werner bei Herausgabe einiger geographischer Werke und
entwarf nach den Vorschriften des Stabius eine Stern=
karte, für welche Albrecht Dürer die Figuren zeichnete;

Thomas Venatorius (Gechauf oder Jäger, 1490—1551),
Schoners Schüler und Herausgeber der Werke des Ar=
chimedes; der Vicarius an der Sebalduskirche Georg
Hartmann (geb. 1489 zu Eckoltsheim im Bambergischen,
gest. 1564 in Nürnberg), berühmter mechanischer Künstler,
ein originelles mechanisches Talent, der Astrolabium, Qua=
dranten, Compasse, Sonnenuhren, Erd= und Himmelsgloben
verfertigte, sich besonders mit dem Studium der Gnomonik
und Perspective beschäftigte und zuerst die Abweichung der
Magnetnadel wenigstens wissenschaftlich nachgewiesen hat,
1538 die Declination der damals in Nürnberg 10^0 15'
gegen Morgen abweichenden Magnetnadel entdeckte und später
auch die Inclination der Nadel fand; Joh. Prätorius,
der Erfinder des Meßtisches; Hieronymus und Paulus
Reinmann (Compaßmacher); Peter Apianus (Bienewitz)
aus Leisnig in Sachsen, der 1520 die erste Landkarte mit
dem Namen Amerika herausgab, lehrte an der Univer=
sität zu Ingolstadt die mathematischen Wissenschaften,
Verfasser des merkwürdig prachtvoll und kunstvoll aus=
gestatteten „Astronomicum Caesareum", Schützling
Karls V. und unter den deutschen Sternkundigen der ein=
zige, der mit dem Kaiser in persönlicher Verbindung stand;
Conrad Dr. Tockler (geb. in Nürnberg 1470, gest. in Leipzig
1530); Joh. Cochläus (geb. 1479, gest. 1532); Erhard
Schön (geb. 1485); August Hirschvogel geb. 1492; Er=
hard Etzlaub (geb. 1492, gest. 1506), Compaßmacher
und Mathematiker, Verfertiger einer Karte von Deutsch=

land; Johann Neudörfer der Aeltere (geb. 1497); Joachim
Camerarius (geb. 1500); der Goldschmied, Mechaniker
und Mathematiker Wenzel Jamitzer (geb. 1508, gest.
1586); Andreas Ossiander (gest. 1552); Joh. Stabius
zeichnete die Sonnenuhr an der Lorenzerkirche; Joachim
Heller (gest. 1590); J. G. Volkamer machte zuerst in
den Jahren 1677—1680 die Entdeckung, daß die Abweichung der Magnetnadel jetzt nicht mehr — wie zu
Hartmanns Zeiten — nach Osten, sondern nach Westen
ging und zwar bereits um 5 Grad von der Mittags-
linie weg; Andreas Schouer, Sturm, J. Bapt. Homann,
Begründer der vormals blühenden Landkartensammlung,
gest. 1724; Joh. Philipp Wurzelbaur, einer ehemaligen
Rothgießerfamilie entsprossen, schrieb Uraniae Noricae,
errichtete eine achteckige Sternwarte im Rosenthal am
Spitzenberg in dem Hause, in dem sich gegenwärtig die
Pianoforte-Handlung von Fuchs und Restmann befindet,
gest. 1725; Georg Christoph Eimmart, ein geborener
Regensburger, aber seit seinem 22. Jahre (1660) in
Nürnberg wohnhaft, stellte 1677 mit Erlaubniß des
Raths astronomische Instrumente auf und arbeitete auch
vielfältig mit Wurzelbaur gemeinsam; A. Joh. Gabriel
Doppelmayr, Tobias Mayer u. v. A.

Wir können diese Liste nicht schließen, ohne die
Namen Willibald Pirkheimer und Albrecht Dürer zu
nennen. Wie Regiomontanus als der Reformator der
Astronomie und Mathematik, so ist Albrecht Dürer als

der Reformator der deutschen Malerschule zu betrachten. Nicht blos Maler in allen technischen Weisen, sondern auch Zeichner, Kupferstecher, Aetzer in Zinn und Eisen, Graveur, Architekt, Dichter und Schriftsteller, hat Dürer sich auch mittelbar um die Astronomie Verdienste erworben, indem er eine Sternkarte, wozu ihm der ältere Heinfogel und Stabius das Material gegeben, auf das trefflichste gezeichnet und in Holz geschnitten hat. Das, was Pirkheimer (geb. 1470 in Eichstädt, gest. 1530), der große Rechtsgelehrte, Staatsmann, Rathsherr, Theologe, Geschichtsschreiber, Philolog, Uebersetzer der Werke von Römern und Griechen, Erwecker der humanistischen Studien, Kenner der Münzen, der Kunst, Dichter, ausgezeichneter Redner, die Seele der damaligen echt deutschen Gelehrtenrepublik und einer der einflußreichsten Männer im Zeitalter der Reformation, zur Beförderung der mathematischen Wissenschaften gethan hat, ist nicht sowohl in seinen eigenen Leistungen, als vielmehr in dem anregenden Einfluß zu suchen, den er durch Unterstützung und Anregung auf die Mathematiker seiner Umgebung ausgeübt hat. So gab, wie oben bemerkt, Thomas Venatorius auf seinen Antrieb die Werke des Archimedes aus der Pirkheimerischen Bibliothek heraus.

Die Unordnung, in welche der Kalender und die Zeitrechnung gerathen war, das Bedürfniß der sich ausdehnenden Schifffahrt und der Hang zur Astrologie waren dem Studium der Astronomie besonders günstig und die mathematischen Wissenschaften standen zu Anfang des 16. Jahrhunderts noch in höherem Ansehen als zu Ende desselben. Die ersten Theologen und Philologen Deutschlands: Philipp Melanchthon und Joachim Camerarius waren mit Eifer und besonderer Vorliebe der Mathematik und Astrologie ergeben, die, wie aus dem Vorhergehenden hervorgeht, vornehmlich in Nürnberg in hohem Ansehen standen, wie auch Melanchthon an Hieron. Paumgärtner wörtlich schreibt: Genius urbis vestrae hoc nomine venerandus est omnibus doctis, quod iis disciplinis, quae Mathematicae vocantur, adeo favet, ut nusquam majora sint rerum studia, quam in urbe vestra, et ingenia ad eas artes aptissima apud vos nascantur etc. Aus all' dem Gesagten geht hervor, daß die mathematischen Studien in Nürnberg in großer Blüthe standen („in ea urbe studia mathematum magna cum laude floruerunt." Melanchth.) und daß der Same dazu, wie Erasmus Reinh. in Orat. de vita Regiom. bemerkt, von Regiomontanus zuerst mit Erfolg ausgestreut wurde („hujus doctrinae semina primum Noribergae sparsa sunt"). Es ist, wie schon oben erwähnt, in der That ein merkwürdiger Umstand, daß die nautische Astronomie ihre größten wissenschaftlichen Fortschritte Nürnberger Astronomen verdankt und daß aus den kunstreichen Werkstätten Nürnbergs den iberischen Seefahrern die besten nautischen Instrumente geliefert wurden. Auch mag hier nicht unerwähnt bleiben, wie

Apelt bemerkt, daß, als die Staaten von Spanien, Holland und England hohe Preise aussetzten, das Problem der Meereslänge wissenschaftlich zu lösen, der letzte obengenannte mathematische Sprößling Nürnbergs, Tobias Mayer, durch die mühsame Berechnung der dazu erforderlichen Mondtafeln einen Theil des englischen Preises verdiente.

Die Anfertigung von mathematischen und astronomischen Instrumenten lag Regiomontanus — wie aus dem an den Mathematiker Ch. Roder in Erfurt i. J. 1471 gerichteten Brief schlagend hervorgeht — bei seiner Uebersiedelung nach Nürnberg zunächst am Herzen, dann aber auch, wie der von Doppelmayr u. A. publizirte Index operum („haec opera fient in oppido Nuremberga Germaniae ductu Jo. de Monteregio 1473") und die in den Lexicis und Bibliographien von Rotermund, Michaud, Ersch und Gruber u. A. von Delambre, Stern veröffentlichten Listen und Verzeichnisse der in Nürnberg gedruckten Regiomontanischen Werke beweisen, der Druck seiner in Italien und Ungarn (Ofen) gesammelten Schätze des Alterthums und seiner eigenen Werke. Diese von vielen Schriftstellern aufgestellte Ansicht bewegt uns, einen näheren Blick auf die während der Anwesenheit Regiomontanus' in Nürnberg von ihm in Druck erschienenen Werke und dann auf die damals in Nürnberg bestehenden Druckereien um so mehr zu werfen, als vielfach behauptet wird, daß „diesen Heros der Ma-

thematiker vor Allem die Druckerei des Antonius Koburger, die damals ansehnlichste in ganz Deutschland,
nach Nürnberg gezogen, ja, daß die Manuscripte Regiomontans mit ihren Tafeln und astronomischen Zeichen
von der Beschaffenheit gewesen, daß ihr Druck selbst die
Kräfte von Koburgers Druckerei überstiegen hätte" (f. Apelt
S. 42), daß daher auf Bernhard Walthers Kosten eine
eigene Druckerwerkstätte errichtet worden, für die Regiomontanus einen ganz neuen Apparat angegeben und
durch dessen Erfindung er sich ein gerechtes Verdienst
um die Verbesserung der Buchdruckerkunst erworben hätte,
so daß Petrus Ramus, in seinen Scholis mathematicis
p. 64 keinen Anstand genommen, ihn als einen Miterfinder (?) dieser Kunst zu nennen.

Das Vollständigste und Zuverlässigste über die Regiomontanus-Literatur findet man, wie bemerkt, in der
Fortsetzung und Ergänzung zu Chr. Gottl. Jöchers Gelehrten-Lexikon von H. W. Rotermund Bd. 6 p. 1551
bis 1559, Bremen 1819, woselbst 19 Werke angeführt
werden; ferner in der „Bibliographie Universelle
ancien et modern XXIX (Michaud)", wo Delambre
17 Werke anzeigt, und in der „Allg. Encyklopädie der
Wissenschaften und Künste von J. S. Ersch und J. G.
Gruber. Zweite Section. Leipzig 1843", wo Stern
unter der Rubrik: „Johannes de monte regio" 24 in
Druck erschienene Schriften des Regiomontanus sehr ein-
gehend bespricht. Wenn wir hierzu noch die Angaben

Doppelmayrs, Schoners, Wills, v. Murrs, Panzers u.
A., sowie vornehmlich die Kataloge von Roeder 1742
(„Catalogus librorum qui saeculo XV. a. c. n. Norimbergae impressi sunt collectus et conscriptus a
Jo. Pavillo Roedero. G. Ae. Rect.") und von Weidler
(„Jo. Friederici Weidleri Bibliographia Astronomica
temporis, quo libri vel compositi vel editi sunt.
Wittenbergae 1755") rechnen, welcher letztere 21 aus
der Presse des Regiomontanus in Nürnberg hervorge-
gangene Werke angibt, so dürften die betr. Quellen
ziemlich erschöpft und aus dem vorliegenden Material
annähernd der beste Ueberblick zu gewinnen sein. Sehen
wir zunächst zu, welche Werke des Regiomontanus wirklich in Nürnberg gedruckt worden sind.

Nach den ebenangeführten Quellen sind ohne Zweifel
folgende Werke des Regiomontanus während seiner
Anwesenheit in Nürnberg (1471—1476) gedruckt
worden:

1) Theoricae novae planetarum Ge. Purbachii
cum figurationibus opportunis in oppido Nurin-
berga Germaniae ductu Jo. de Monteregio. Erschien
1472 oder 1473 (s. Jöchers Gel.-Lex.). Diese von
Regiomontanus seinem Lehrer Peurbach zu Ehren her-
ausgegebene Schrift wird auch von Roeder in seinem
Katalog mit dem Zusatz ductu Joannis de Monteregio aber ohne Jahreszahl angegeben. Delambre,
Weidler und Stern erwähnen diese Schrift nicht.

2) Manilii astronomicon ex officina Jo. de Regiomonte habitantis in Nuremberga oppido Germanie celebratissimo. Ohne Druckjahr, vermuthlich 1472 oder 1473 in 4. (f. Jöchers Gel.-Lex.). Diese Schrift wird auch von Roeder und Weidler ohne Jahreszahl angegeben, von dem erstgenannten mit dem Zusatz: ex officina de monte regio in Nuremberg. Delambre und Stern führen diese Schrift nicht an.

3) Ephemerides, quas vulgo vocant Almanach id triginta duos annos futuros. Norimb. ductu Jo. de Monteregio in 4. 1473 (f. Jöchers Gel.-Lex.). Von Roeder und Weidler ohne Jahreszahl, von Delambre unter dem Titel angegeben: Joannis Regiomontani Ephemerides astronomicae ab anno 1475 ad annum 1506. Nuremberg in 4°. Auch von Stern unter diesem Titel mit der Hinweisung angeführt, daß die erste Ausgabe zu Nürnberg 1475 in 4° erschienen und höchst selten zu sein scheine. Weidler (hist. astron. p. 316) beschreibt ein Exemplar aus der Bibliothek der Wittenberger Akademie, der Titel fehlt, am Ende stehen die Worte explicitum est hoc opus anno Chr. Dn. 1474. ductu Joannis de Monteregio. Ich vermuthe aus dieser Nachschrift, daß es ein Exemplar der ersten Ausgabe ist, da auch die erste Ausgabe des Kalenders dieselbe Nachschrift hat. Eine zweite Ausgabe erschien zu Venedig 1498 in 4°. Kästner beschreibt sie (a. a. O. S. 542) ausführlich. Die Göttinger Bibliothek besitzt

zwei Exemplare dieser Ausgabe." Nach Panzer's Nürnb.
Buchdruckergesch. p. 166 sind Ephemerides coelestes
1474. 4. aus der eigenen Druckerei des Regiomon=
tanus hervorgegangen und soll sich auch ein Exem=
plar der Ephemeriden auf der Nürnberger Bibliothek
befinden, was aber nicht der Fall ist. Spätere Aus=
gaben der Ephemeriden sind erschienen u. A. 1476 in
Venedig, 1484 ebendaselbst per Erh. Ratdolt, Ephemerides ab an. 1492—1504. Venet. 1492. 4.,
Ephemerides accuratissime calculate. Sequitur tabula regionum. Prognostica in compendium redacta.
Venet. 1492 impensis et arte Vinc. Benalli in 4.,
ferner Ephemerides ab an. 1474 ad an. 1506 am
Ende 31. Dec. 1506. 4. Ohne Jahr und Ort;
Jo. de Monteregio -- in Ephemerides aut diur-
nales commentarium. Steht in Almanach nova plu-
rimis annis venturis inserventia. Per Jo. Stoeff-
lerum Justingensem et Jac. Pflaumen, Ulmensem etc.
Am Ende Petr. Lichtenstein die 3. Jan. 1506. Venet.
in 4. ib. 1507. ib. 1513. 4. Ferner ist erschienen:
Jo. de Monte Regio: german. decoris etatis nostre
astronorum principis Ephemerides; am Ende Fol. 8.
b. explicitum est hoc opus 1484. 2. Non. April. —
Venet. in 4. per Erh. Ratdolt und: Jo. de monte
regio germanorum decoris, etatis nostre astrono-
morum principis Ephemerides in 4. Ohne Jahr und
Ort. Ist im Leipz. A. L. A. 1798 num. LIV. Col.

553 — 556 beschrieben. Ueber Ephemeriden s. später Näheres.

4) Nach Jöchers Gelehrt.-Lexikon sind folgende Ka=
lender erschienen:

a) Calendarium latinum Jo. de Monteregio 1473. 4.

b) Der teutsche Kalender von Joh. v. Kungsperg 1473. 4. Er ist noch mit in Holz geschnittenen ganzen Tafeln gedruckt.

c) Der teutsche Kalender von Joh. v. Küngsperg 1473. 4. Mit beweglichen Tafeln gedruckt.

d) Joh. von Könsperg Kalender 1475. 4.

e) Calendarium novum ad an. 1476. 4. Venet. 1476. Fol. c. Fig. 1482. 83. 84. 85. in 4. Die Schrift Reg.'s: De reformatione calendarii erschien Venedig 1484.

f) Calendarium, Venet. 1476. Fol. c. Fig. Scheint von der vorigen verschieden zu sein.

g) Il Calendario di Giov. Regio Montano. Venet. 1476 gr. 4.

h) Der teutsche Kalender von Joh. v. Köngsperg v. Jahr 1476 in 4.

i) Das Büchlein behende, du billich lernen sollt. Und es achten für edelgestein, silber und golt. Kalen=
darins geheissen zu latein. Das hat gemacht meister Hans von Königsperg genannt. In teutschen und wel=
schen Landen wohl erkannt, zu Venedig gedrückt mit

hübscher vernunft und fünden. Als die noch gemalten meister wohl künden (1478) Bernhart. maler Erhart ratdolt von Augsburg. Fol. Ist ein genauer Abdruck des teutschen Kalenders vom Jahr 1473.

k) Almanach magistri Jo. de Monte Regio ad annos XVIII accuratissime calculata. Erh. Ratd. Augusten — industria et mira imprimendi arte: qua nuper Veneciis: nunc Auguste vindelic. — tercio ydus Sept. 1488. 4.

l) Calendarium. Venet. 1489. 4. Maittaire gibt den Titel an; Jo Regiom. de reformatione Calendarii.

m) Kalendarium Meister Joh. Kunisperger (1489) in 8. Augsburg von Erh. Ratdolt. Ist wahrscheinlich einerlei Ausgabe mit Kalender meister Joh. Kunisperger. Ausgb. von Meister Erh. Ratdolt 1489. 4.

n) Kalender Augsb. von Erh. Ratdolt 1496. 4.

o) Ein kalender mitt sinem nüwen und stunden us — Joh. kunspergers practic und sunst vil subtiler sachen mit viel figuren als man am nächsten Blatt littrer meldung findet. Zürich 1508. 4.

p) Kalendarius teutsch. Das Büchlein behend du billich lernen sollt (Und es achten für edelgestein, silber und golt) Kalendarius gehaißen zu latein — von den 12 Zeichen und 36 pildern des Himmels. Augsb. 1512. 4.

q) Kalendarius teutsch u. s. w. Augsb. 1514. 4.

r) Kalendarius teutsch u. s. w. Augsb. 1518. 4.

Ist wahrscheinlich einerlei mit Kalendarius c. f. Augsb. 1518. 4.

s) Künigsperger Kalendarius der 7 Planeten, 12 Zeichen und 36 himmelsbilder, erschienen zu Straßburg i. J. 1535.

Zu dieser dem gen. Gelehrt.-Lex. vornehmlich ent-nommenen Kalender-Literatur (bei der auffallend ist, daß kein Kalender als in Nürnberg erschienen angegeben wird und daß der erste Kalender des Regiomontanus schon 1473 ohne Angabe des Druckortes erschienen sein soll) muß hier bemerkt werden, daß allerdings Roeder: Regio-montani Kalendarium novum etc. Nurembergae ductu Joannis de Monteregio 4. erwähnt und daß Panzer als Producte aus Regiomontani Presse noch zwei deutsche Kalender mit der Hinweisung anführt, daß diese ungemein große Seltenheiten Roedern unbekannt ge-blieben seien.

Nach Sterns Angabe in der Allg. Encyklop. von Ersch und Gruber erschien Kalendarium novum, welcher Kalender in dem Index der aus Regiomontanus Buch-druckerei hervorgegangenen als fertig angezeigt wird, zu-erst in Nürnberg 1475 in 4. und zwar, wie Schwarz (a. a. O. S. 63) nachweist, zu gleicher Zeit deutsch und lateinisch. Am Ende des Lateinischen stehen die Worte: ductu Joannis de monte regio, am Ende des Deutschen: M. Johan von Königsperg. Exemplare dieser Ausgabe, sowohl der deutschen als der lateinischen, sind äußerst selten. Das deutsche Exemplar, welches Murr besaß, kam später an die Mannheimer Bibliothek (De Murr not. tr. codd. p. 20 n. Vgl. auch Murr Memorab. bibl. Norimb. T. I. p. 321).

„Der Kalender," sagt Stern, „ist ursprünglich für die Jahre 1475, 1494, 1513 bestimmt, die um 19 Jahre, also einen ganzen Cyklus von einander abstehen und dient vermöge seiner Einrichtung für alle Jahre von 1475 bis 1532. Nachgedruckt wurde dieser Kalender und zwar wieder deutsch und lateinisch von Erhard Ratdolt 1496. Die Göttinger Bibliothek besitzt einen solchen Kalender in deutscher Sprache ... Regiomontan's Kalender ist jedenfalls der erste, der in Europa gedruckt worden ist, wenn es auch schon früher andere geschriebene gab und er hat lange als Muster gedient, so daß auch die späteren Kalender, die über das Jahr 1531 hinausgehen, doch noch nach Regiomontans Namen genannt werden.*)

---

*) Der 1474 sowohl in Nürnberg als in Venedig in Folio erschienene Kalender ist übrigens ein xylographisches Kunstwerk, eines der geschätztesten antiquarischen Kleinodien, welches gegenwärtig nur noch in 5 Exemplaren (wo?)- vorhanden und bei seinem Erscheinen mit zwölf ungarischen Goldgulden bezahlt worden sein soll. — Der Kalender ist das nothwendigste aller Bücher und das Bedürfniß, die Zeit in gewisse Perioden einzutheilen, mußte sehr früh gefühlt werden. Schon das Jahr der Egypter war ein in Beziehung auf die Jahreszeiten bewegliches mit dem Mondlauf in keinem Zusammenhang stehendes Sonnenjahr von 365 Tagen, getheilt in 12 Monate von 30 Tagen, denen noch fünf Ergänzungstage folgten. Auch das Jahr

Auch Delambre beschreibt Kalendarium novum. Nuremberg 1476 in 4°, den von Erh. Ratdolt 1499 herausgegebenen lateinischen Kalender, der den Titel führt: Kalendarium magistri Joannis de Monte Regio viri peritissimi. Der nach Stern 1485 (?) in Venedig er= schienene und von Kästner (f. Gesch. d. Math. Bd. 2 S. 537 ff.) beschriebene lateinische Kalender befindet sich ebenfalls auf der Göttinger Bibliothek.

5) Dialogus contra Gerh. Cremonensis in Pla- netarum theoricas deliramenta. Nor. 1475. Fol. Vgl. literär. Wochenbl. 18. St. S. 266—279 (f. Jö= chers Gel.=Lex.). Nach Delambre ist diese Schrift unter dem Titel Disputationes contra etc. in Nürnberg 1474 und später in Venedig erschienen. Stehen in Jo. de Sacro Busto opusculum Sphaericum Impr. (Venet.) Erh. Ratdolt 2. Nov. Jul. 1484. 4. ibid. 1485.

----

der Juden, Griechen u. A. bestand schon in den ältesten Zeiten, wie noch gegenwärtig bei den Juden, aus 12 Mondmonaten. Von Julius Cäsar wurde 46 v. Chr. der nach ihm sog. Julianische Kalender eingeführt, nach velchem das Jahr in der Regel 365 Tage aufweist, jedes vierte Jahr aber einen Tag mehr erhält. Diese auch von den Christen ohne Aenderung angenommene Julianische Einschaltungs= methode ist über 1600 Jahre beibehalten vorden, bis Papst Gregor XIII. im Auftrage des Tridentiner Conciliums eine genauere ein= führte, die unter dem Namen des Gregorianischen Kalenders bekannt ist. Der Julianische Kalender ist nur von den Russen und überhaupt von den Bekennern der nicht unirten griech. Kirche beibe= halten vorden, weshalb sie hinter der übrigen Welt (seit 1800) um 12 Tage zurückgeblieben sind, die sich 1900 auf 13, 2100 auf 14 Tage vermehren verden.

Venet. 1488. 90. 91. in 4. in Sphaerae tract. Jo. de Sacrobusto. Venet. 1531. Fol. Auch nach Stern ist diese Schrift unter dem Titel: Disputationes contra etc. in Nürnberg 1474 und spätere Ausgaben in Venedig 1496, Fol., dann Basil 1543 und Norimb. 1530 unter dem Titel: In Ptolemaei magnam constructionem, quam Almagestum vocant, libri tredecim conscripti a Joanne Regiomontano erschienen. Die Nürnberger Stadtbibliothek besitzt (?) ein Exemplar der ersten Ausgabe. Die tabula fecunda muß Regiomontanus bei Ausarbeitung dieser Schrift noch nicht gekannt haben, wie Delambre (hist. de l'astr. du moyen âge p. 285) bemerkt.

6) Jo. Regiomontani Index operum, der eigentliche Titel ist: haec opera fient in oppido Nuremberga Germaniae ductu Jo. de Monteregio 1473. Fol. pat. Auf der ersten Columne sind die Schriften anderer, auf der zweiten seine eigenen angezeigt, die er herausgeben wollte. Dieser Index findet sich u. A. auch in Doppelmayr hist. Nachricht von den Nürnbergischen Mathematicis S. 23 und in Panzers „Annales Typograph." Vol. II p. 233 abgedruckt. Regiomontanus veröffentlichte diesen Katalog von vielen anderen noch von ihm zu erwartenden mathematischen Werken und fuhr, wenn sich auch viele der Gelehrten, denen dieser Katalog zur Begutachtung vorgelegt worden, ungünstig darüber ausgesprochen, mit dem Drucken weiter fort.

Nach dem Tode des Regiomontanus, bemerkt Doppel=
mayr S. 12, sind die mehrsten in seinem herausgege=
benen Katalog angezeigten Werke zum Vorschein gekommen,
wie eben dieser Katalog bewiese, der von Regiomontanus
in zwei Theile gesondert sei. Der erste Theil gibt die
Titel von 20 Werken an, meist Werke verschiedener
übersetzter oder verbesserter alten Mathematiker. Der
zweite Theil weist 22 Nummern auf und gibt von den=
jenigen Werken Nachricht, welche Regiomontanus bei
seinem unermüdlichen Fleiß ausgefertigt und auch aus
der Walther'schen Druckerei, nachdem er sowohl seine
Ephemeriden als einen Kalender, vermöge solcher allbereit
befördert, zu ediren im Sinn gehabt.

7) Tabulae directionum, Nor. 1475. Fol. Ve-
net. 1524. Fol. Tübing. 1554. Witteb. 1606. 4.
Andere Ausgaben erschienen (s. Jöchers Gel.=Lex.) Ve=
nedig 1485. 4; ferner Tabulae directionum profectionumque in nativitatibus multum utiles. Aug.
Vind. 4. Non. Jan. 1494. Fol.; eine andere Ausgabe
Excud. Ulr. Morhard, Tübingae 1530. 4., in Nürn=
berg ohne Jahr in 4., Venet. 1504 per Erasm. Rein-
holdum Salveldensem supputatae Witteb. 1584.
Auch nach Doppelmayr und Roeder erschien die erste
Ausgabe in Nürnberg. Nach Stern erschien die Schrift:
Tabulae directionum profectionumque zuerst unter
dem Titel: Joh. de Regiomonde Ludus Pannoniensis,
quem alias vocare libuit Tabulas Directionum (No-

rimb. 1475. 4). Sie ist besonders zu astrologischen
Zwecken bestimmt und in Ofen für den Erzbischof Gran,
der ein Liebhaber der Astrologie war, geschrieben und
wurde noch vor Regiomontans Reise nach Rom in Nürn=
berg gedruckt (vergl. Jac. Aug. Thuani Hist. Lib. 90
p. 269). Diese Ausgabe ist sehr selten. Eine zweite
ebenfalls seltene Ausgabe hat die Nachschrift: Opus ta-
bularum directionum profectionumque .... per
magistrum Joannem de Regiomonte compositarum
Anno Dei 1467 explicit feliciter Magistri Joannis
angeli viri peritissimi diligenti correctione. Er-
hardique Ratdolt mira imprimendi arte: qua nuper
Venetiis nunc Auguste Vindelicorum excellit no-
minatissimus, 4. nonas Januarii 1490. 4. Andere
Ausgaben: Venet. 1524, August. Vindel 1552, auf
dem Titelblatt heißt es tabulae .... non tam astro-
logiae judiciariae quam tabulis et instrumentis
astronomicis variis conficiendis plurimum utiles (Tu-
bing 1554, Wittenb. 1606). In der Bibliographie
universelle in dem Artikel Jean Müller führt Delambre,
der von der ersten 1475 in Nürnberg erschienenen Aus=
gabe übrigens nichts weiß, noch andere Ausgaben: Ve=
nedig 1485, abgedruckt 1490, 1504 mit einer Sinus=
tafel, 1550 mit einer Sinustafel für die einzelnen Mi=
nuten, 1551, 1552 und 1554 von Reinhold an.

In der Vorrede nennt sich der Verfasser Johannes
Germanus de Regiomonte. Was dieses Buch besonders

auszeichnet, ist die tabula secunda, d. h. nach unserer
Sprache eine Tangententafel, weil sie die erste ist,
von der man mit Bestimmtheit weiß, daß sie in Europa
berechnet worden ist. Aber in dem Umstande, daß sie
nur für die einzelnen Grade und nicht, wie die Sinus=
tafel, für die einzelnen Minuten berechnet ist, liegt auch
der Beweis, daß Regiomontanus ihren Nutzen in der
Trigonometrie nicht gekannt hat, auch braucht er sie nur
als Hülfstafel bei einem speciellen Falle, während die
Araber schon 500 Jahre früher Tangententafeln hatten
und ihren Nutzen in der Trigonometrie sehr wohl kannten.

8) Tabula magna primi mobilis cum usu mul-
tiplici rationibusque. Norimb. 1475. 4. Auch von
Roeder und Weidler, wenn auch ohne Jahreszahl ange=
führt. Im Index auctorum wird Regiomontanus als
Verfasser bezeichnet. Tabuli primi mobilis Jo de
Monte regio. Steht in Tabulis Eclypsium Magistri
Georgii Peurbachii. Viennae Austriae 1514. Fol.
Auch Delambre führt obiges Werk als i. J. 1475 in
Nürnberg erschienen an und sagt, daß Tabulae ecclip-
sium Purbachii, Tabula mobilis a Monteregio. Venise
in Fol. 1515 erschienen sei. Nach Stern (s. Ersch u. Gruber)
verfaßte Regiomontanus diese Schrift in Ofen für den Kö=
nig Matthias Corvinus. Sie kam zuerst nebst anderen
von Regiomontanus beigefügten Aufgaben in Druck und
erschien zuerst in Nürnberg (1475?) in 4. Sie enthält
die Anweisung die Auflösung des rechtwinklichen sphärischen

Dreiecks und davon abhängender Fragen, wie die Declination, gerade Aufsteigung u. s. w., zu finden. Tanstetter hat sie nebst Peurbachs tabulae eclipsium 1514 zu Wien herausgegeben, dann Schouer in Neuburg an der Donau 1557 Fol., Schreckenfuchs mit Zusätzen (Basil 1567) Fol. Dazu gehört Fundamenta operationum, quae fiunt per tabulam generalem Neuburg 1557. Fol. Diese Tafeln sind eben so wie die Tabulae Directionum und die Ephemeriden voll schöpferischer Ideen für die Astronomie und Mathematik.

Von diesen angeführten Hauptwerken des Regiomontanus ist mit Gewißheit anzunehmen, daß sie während seiner Anwesenheit in Nürnberg gedruckt und erschienen sind und daß demnach dieser Stadt die Ehre zukommt, diese Schätze der Gelehrsamkeit und Wissenschaft der Welt zunächst mitgetheilt zu haben. Die übereinstimmenden Quellenangaben sprechen evident dafür. Bei der großen Seltenheit dieser Werke würde es gewiß von dem höchsten Interesse sein, zu erfahren, in welchen Bibliotheken die ältesten Ausgaben der Regiomontanischen Werke noch aufbewahrt würden. In Nürnberg selbst ist es mir nicht gelungen, die weltberühmten Ephemeriden und den Kalender des Regiomontanus aufzufinden.

Wahrscheinlicherweise sind noch mehrere Werke des Regiomontanus, außer den angeführten, während der Anwesenheit desselben in Nürnberg erschienen. Ob das berühmte Werk: De cometae magnitudine etc. in Nürn-

berg gedruckt worden, lasse ich dahin gestellt sein. Nach
Panzer sollen übrigens aus Regiomontanus Presse
auch die Schriften Maffei Vegii Philalethes in Quarto
(satyrisches Gedicht) und „Magni Basilii Liber ad Ju-
venes quantum ex gentium libris ad litteras profi-
ciant in Quarto hervorgegangen sein.

Es entsteht nun die interessante Frage, in welcher
Druckerei Nürnbergs die obengenannten Werke des Re=
giomontanus während seiner Anwesenheit in dieser Stadt
(1471 bis 1475) gedruckt worden sein mögen. In dem
genannten Zeitraum bestanden in Nürnberg Druckereien
von Joh. Sensenschmid, Andreas Frießner, Heinr. Keser,
Friedr. Creußner und Anton Koburger oder Koberger,
welche Männer bis 1479 auch die einzigen gewesen, die
sich mit der Buchdruckerkunst in Nürnberg beschäftigt
haben.*) In Hinblick auf die in Bamberg so früh be=
triebene Buchdruckerei, wo schon Albrecht Pfister 1461
und 1462 gedruckt, ja sogar zwischen 1453 und
1455 eine ganze lateinische Bibel zu Stande gebracht
haben soll, welche Angabe freilich schwer zu begreifen
ist, da in Mainz 1455 oder 1456, nach anderen
Angaben 1450, Gutenbergs erstes großes Druckwerk,
die 42zeilige undatirte sog. Gutenberg'sche Bibel in 2
Foliobänden, erschienen sein soll und in Mainz erst 1462

---

*) „Die ältesten Buchdruckereien Nürnbergs im 15. Jahrh.," Vor=
trag, gehalten daselbst im Literarischen Verein am 20. März 1873.
Vergl. Korresp. v. u. f. D. d. 22. März 1873.

die ganze lateinische Bibel fertig wurde, ist es auffallend,
daß in Nürnberg das erste zuverlässig mit Angabe
der Zeit und des Druckortes (aber nicht der
Druckerei) gedruckte Buch: „Francisci de Retza. Co-
mestorium vitiorum" (welcher kurioser Titel vielleicht mit
„Speisesaal der Laster" zu übersetzen sein dürfte) erst 1470
erscheint, welches nach Panzers Forschungen unzweifelhaft
aus Sensenschmids Presse gekommen, den man also mit
Recht den ersten Nürnberger Drucker nennen könnte.
Vor dem Jahre 1470 ist demnach in Nürnberg kein
Buch gedruckt worden. Das 1472 erschienene Werk des
gelehrten Domherrn Albert v. Eyb: Margarita poetica,
d. h. eine Redekunst in Beispielen aus den besten Schriftstellern, ist aber das erste mit Sensenschmids Namen und
das einzige, wo in der Schlußanzeige sein Name allein
vorkommt. Das im Jahre 1472 in Nürnberg erschienene
Buch „Alcinoi disciplinarum Platonis epitoma" hält
man für das erste Buch, das aus Anton Koburgers
Presse mit der Anzeige des Druckortes, aber ohne Namen
gekommen ist. Als das erste Buch, das Koburger mit
Beisetzung seines Namens drucken ließ, ist aber das Buch
des Boethius zu betrachten, das im Jahre 1473 erschienen
ist. Die Koburger'sche Druckerei war hauptsächlich ins-
besondere durch die prächtigen und schnell auf einander
folgenden deutschen und lateinischen Ausgaben der Bibel
berühmt. Die erste in Nürnberg gedruckte lateinische
Bibel (Biblia latina), eine höchst seltene Ausgabe der

Vulgata, ist von Ant. Koburger 1475 gedruckt worden. Das erste künstlerisch reich ausgestattete Werk aus Koburgers Presse ist aber die deutsche Bibel von 1483. Im Ganzen sind bei den Koburgern (1472—1540): 28 lateinische, 1 deutsche und 1 böhmische, zusammen 30 Bibelausgaben gedruckt worden. Die Nachfolger des i. J. 1513 gestorbenen Anton Koburger, dessen Druckerei auf ihrem Höhepunkt 24 Pressen gehabt, an denen 100 Personen beschäftigt gewesen, sind seine Söhne Hans aus erster und Anton aus zweiter Ehe, das Wohnhaus Anton Koburgers das Muffel'sche Haus am Aegydienplatze S 758 und die Druckerei, wie auch Herr Dr. Lochner vermuthet, in der Burgstraße S 529, der Stadtbibliothek gegenüber, gewesen.

Die Thätigkeit Koburgers als Buchdrucker und Buchhändler war jedenfalls eine bedeutende und erstreckte sich auf die gesammte damalige gelehrte Welt. Von allen obengenannten Nürnberger Buchdruckern ist Anton Koburger in Ansehung der wahren Verdienste um die Buchdruckerkunst der bedeutendste und angesehenste gewesen.[*] Sei es nun, daß, wie Panzer bemerkt, die Sensenschmid'sche Druckerei nicht eingerichtet gewesen, um die von Regiomontanus mit vielem Fleiß gesammelten Handschriften griechischer und anderer alten mathematischen

---

[*] Vergl. „Die Koburger, Buchhändler-Familie zu Nürnberg. Eine Darstellung des deutschen Buchhandels in der Zeit des Uebergangs von der scholastischen Wissenschaft zur Reformation von Oscar Hase. Leipzig, Breitkopf und Hertel. 1869."

Schriftsteller drucken zu lassen oder daß, wie Apelt S. 42
annimmt, die Manuskripte Regiomontans mit ihren Ta=
feln und astronomischen Zeichen von der Beschaffenheit
gewesen, daß ihr Druck die Kräfte selbst von Koburgers
Druckerei überstiegen und Koburger den Druck abgelehnt
habe, was um so wahrscheinlicher sei, als man damals
(wie aus den Disputationes Joh. de Regiomonte
contra Gerhardi Cremonensis in Planetarum Theoricas deliramenta in Folio hervorgehe) noch nicht mit
griechischen Lettern in den Druckereien zu Nürnberg versehen war und Regiomontanus in alle Exemplare ver=
schiedene darin vorkommende griechische Wörter in die
zwischen den lateinischen leer gelassenen Spatien mit
eigener Hand geschrieben habe, wie dergleichen Ausgaben
auf der Nürnberger Stadtbibliothek beweisen (s. Doppel=
mayr' Nachr. v. d. Nürnberg. Mathem. S. 10 Anmerk.)
— soviel steht fest, wie auch aus den Katalogen von
Roeder, Weidler und Osc. Hase hervorgeht, daß keines
der Werke des Regiomontanus weder in der Senseu=
schmid'schen, Frießner'schen, Creußner'schen noch in der
Koburger'schen Druckerei zum Druck befördert worden ist.

Es liegt daher der Gedanke sehr nahe, daß Regio=
montanus entweder selbst eine eigene Druckerei in Nürn=
berg gehabt hat oder seine Werke in der Druckerei des ihn
befreundeten Bernhard Walther, der nach vielfachen An=
gaben auf seine Kosten eine Druckerwerkstätte errichtet
hat, drucken ließ. Der vorkommende Ausdruck ex

officina de monte regio, aus Regiomontans Druckerei
(j. Roeder und Panzer) deutet darauf hin, daß Regio=
montanus in der That eine Druckerei in Nürnberg be=
jeſſen habe. Von Regiomontans Druckerei, die er
in Nürnberg gehabt haben ſoll und von ſeinen Ver=
dienſten um dieſe Kunſt handelt Punzer in ſeiner Geſch.
der Nürnb. Ausg. der Bibel S. 7 und Schwarz P. III
documentos. typograph. S. 46 u. j. Auch kann man
hierüber Prof. Wills Nürnbergiſches Gelehrten=Lexikon
und das Literariſche Wochenblatt nachleſen. Nach v. Murrs
Beſchreibung der vornehmſten Merkwürdigkeiten in der
Reichsſtadt Nürnberg ꝛc. S. 634 befand ſich Regiomon=
tanus' Druckerei, zu der Bernhard Walther die Koſten herge=
geben, in der Karthäuſergaſſe, wo (zu Murrs Zeiten) die
Käſiſche, ſpäter Egberti's Porzellan=Fayance=Fabrik war.

In Hinblick darauf, daß die oben erwähnte Bezeichnung
„ex officina de monte regio" nur einmal, und zwar,
ſoviel ich weiß, in Roeder's Katalog vorkommt, daß Re=
giomontanus bei ſeiner vorübergehenden Anweſenheit in
Nürnberg wohl auch nicht daran gedacht haben kann,
eine eigene mit großen Geldopfern verbundene Druckerei
anzulegen und daß nach vorliegenden gleichlautenden Be=
richten von Doppelmayr u. A. ſein wohlhabender Freund
Bernhard Walther auf eigene Koſten im Intereſſe des
Regiomontanus eine Druckerei errichtet hat, ſo iſt wohl
auch anzunehmen, daß die oben angeführten Werke unter
der Leitung und Aufſicht (ductu Joannis de Monte-

regio) in dieser Walther'schen Druckerei hergestellt worden
sind, da eben in keiner anderen damals in Nürnberg be=
stehenden Druckerei, wie wir oben gezeigt, die in Nürn=
berg erschienenen Werke des Regiomontanus gedruckt
worden sind. Späteren Forschungen muß es überlassen
bleiben, über die Lage, Einrichtung und Größe dieser
Walther'schen Druckerei neues Licht zu verbreiten; denn,
abgesehen von der nicht bewiesenen Murr'schen Angabe,
daß die Regiomontanische Druckerei, zu der Bernhard
Walther die Kosten hergegeben, in der Karthäusergasse
gewesen, wissen wir nur mit Bestimmtheit, daß das erste
von Sebald Frey, einem Ohm Albrecht Dürers, gekaufte
Wohnhaus Bernh. Walthers am Markt 19 zu Regio=
montanus Zeiten gewesen und daß als das zweite Wohn=
haus Bernh. Walthers das jetzige Albrecht Dürer'sche
Haus bezeichnet wird, woselbst auch Walther i. J. 1502
(kurze Zeit vor seinem i. J. 1504 erfolgten Tode) mit
Benutzung des Nachbardaches eine Sternwarte — demnach
die zweite von Walther lange nach Regiomontanus
Tode gebaute Sternwarte — errichtet hat, ein Beweis,
daß Bernh. Walther bis zu seinem Tode im ziemlich
hohen Alter ein eifriger Astronom und Himmelsbeobachter
geblieben ist. Immerhin bleibt es merkwürdig und auf=
fallend, daß auf den in Nürnberg gedruckten Werken des
Regiomontanus nicht der Name der Druckerei, sondern
nur öster ductu Joannis de Monteregio angegeben ist.
Wie lange die Walther'sche Druckerei bestanden und wie

viele Werke aus derselben hervorgegangen, darüber liegen
keine andern Angaben vor. „Man findet kein einziges
Buch," sagt Doppelmayr, „das Walther von Regiomon=
tanus nach dessen Tod zum Druck befördert hätte (also
nach 1476), daher wohl glaublich, daß jener seine
Druckerei gar bald, wegen vielen hierüber gehabten Un=
muthes einem Buchdrucker verkauft hat."

Nach Anführung der von Regiomontanus während
seiner Anwesenheit in Nürnberg gedruckten Werke, würde
es zu weit führen, wenn wir die noch später erschienene
Regiomontanus = Literatur hier ausführlicher besprechen
wollten. Wir verweisen zu diesem Zweck auf die oben
angegebenen Quellen in Jöchers Gelehrten=Lexikon, in der
Bibliographie universelle (Michaud), in der Encyklopädie
von Ersch und Gruber, und wollen nur noch, da die
Literatur über Regiomontanus, soviel uns bekannt, keinerlei
größere, selbständig abgeschlossene Werke oder Mono=
graphien umfaßt, auf folgende Schriften bis zur
Neuzeit herab hinweisen, in denen man bald längere bald
kürzere Abhandlungen, Aufsätze und Notizen über unseren
berühmten Landsmann finden wird.

Joh. Schoner in seinen opusculis geogr. Norimb.
1533. cap. 2. scripta regiomontani.

Joh. Schoner: Joh. de monte regio, de cometae
magnitudine etc. problemata XVI. Norimb. 1544.
(Entfernung, Größe und Umlaufszeit der Cometen.)

Joh. Schoners scripta clarissimi Mathematici

M. Joannis Regiomontani. (Regiomontanus behauptete lange vor Kopernikus die Bewegung der Erde um die Sonne.)

Erasmus Reinhold in Phil. Melanchth. orat. select. T. III. p. 503.

Erasmus Reinholdus oratio de Joh. Regiomontano, gehalten zu Wittenberg 1549.

Georgii Peurbachii et Joannis Mülleri Regiomontani vita in Petri Gassendi Miscellaneis. Tom. V. p. 519 (Lugd. 1658) und v. Khantz p. 38.

Discursus von dem Jahre 1588 u. s. w., enth. biogr. Notizen über Regiomontanus. 1684.

Petrus Ramus in seinen scholis mathematicis p. 64 ertheilt dem Regiomantus den Ruhm eines Miterfinders der Buchdruckerkunst. Vergl. S. 24.

Joh. Trithemii catalog illust. vir. p. 163 neu.

Paul Jovii elog. viror. erudit. p. 218 (Reg. wird nach Rom berufen, um dort eine Reform des Kalenders zu begründen).

Werners Vorrede zu Georgii Amiercci opusc. geogr.

Melch: Actam.. vit. philosophr. p. 16 (Nürnberg übertraf in Mathematik und Astronomie noch später die meist berühmten Akademieen).

Fabricius, bibliotheca IV, 353—361:

Erhard, Gesch. der Wiederauflebung der Wissensch. in Deutschland, III, 497—510.

M. v. Doppelmayer's hist. Nachricht von Nürn=
berger Mathematikern und Künstlern. 1730. p. 23 ff.

Schwarzius: Notitiae de Regiomontano 1740.

Bose, G. M.: Nonnulla de vita et scriptis 1757.

Mellin, Ch. J.: Commentatio de J. Regiomontani
in humanitatis studia meritis. Jenae 1763.

Panzers Annales Voll. II. p. 233. Nürnb. 1794.

Siebenkees (Hofrath und Bibliothekar) kl. Chronik
der Stadt Nürnberg (S. 23 Compaßmacher).

Nürnberger Gelehrten=Lexikon von Will und No=
pitsch, III, 273—282 und VII, 226—237.

Rosenmüller: Lebensbeschr. ber. Gelehrt. des 16.
Jahrh. I. 196—219.

Levensbeschryving van beroemde en geleerde
mannen. p. III, 59—90.

v. Murr: Notitia trium codicum autographorum
Johannis Regiomontani in Bibliotheca Chr. Theoph.
de Murr. Norimbergae 1800.

v. Murr memorabilia bibliothecarum publ. Norimb. I. p. 74—205 enthält einen Briefwechsel des
Regiomontanus mit Blanchinus und Jac. v. Spira.

v. Murr: Beschr. der vornehmsten Merkw. in
Nürnb. f. ob.

v. Murr: Diplom. Gesch. des portug. Seefahrers
Martin Behaim.

Bailly, Histoire de l'Astronomie moderne I.
p. 317 ff. 5 B. Paris 1775—1787.

Georg Christoph Lichtenberg (gest. 1799), Prof. zu Göttingen: vermischte Schriften 6. B. in dem Leben des Kopernikus. S. 22—28.

Programm von Dr. F. C. L. Sickler. Hildburgh. 1816: Das Leben des berühmten Astronomen und eines der ersten Beförderer der griechischen Literatur in Deutschland, unseres großen Landsmannes Johannes Mueller, gen. Regiomontanus.

Peurbach und Regiomontanus, die Wiederbegründer einer selbständigen und unmittelbaren Erforschung der Natur in Europa. Eine Anrede an die studirende Jugend von Dr. G. H. Schubert. Erlangen 1828 bei Palm und Enke.

Nürnbergische Erinnerungsblätter für Einheimische und Fremde oder Nürnbergische Denkblätter oder Stimmen der Gegenwart und Vergangenheit über Nürnberg 1828. J. L. Schrag's Verl.

Die Reformation der Sternkunde. Ein Beitrag zur deutschen Culturgeschichte von E. F. Apelt. Jena. Friedr. Mauke 1852.

Geschichte des Seefahrers Ritter Martin Behaim nach den ältesten vorhandenen Urkunden bearbeitet von Dr. F. W. Ghillany. Nürnberg 1853.

Arago, Biographie 1855 (s. Oeuvres complêtes Paris 1854. 1855).

Dr. Breußing: Zur Geschichte der Geographie;

Regiomontanus, Martin Behaim und der Jakobstab f.
Zeitschrift für Erdkunde. Berl. Bd. IV.

Aus dem Haßgau. Erzählungen, Novellen und
Humoresken von Christian Wieduwill (Pfarrer Dressel).
2 Bändch. Coburg 1863. Bei E. Riemann. Inhalt
des zweiten Bändchen: Regiomontanus.

Die über Regiomontanus handelnden Stellen bei
Jāo de Barros, Maris Dialogos, Cordeyro, Bartolozzi,
Maffei, Amoretti, Pigafetta, Trigozo, Alexander von
Humboldt in seinen kritischen Untersuchungen, Oscar
Peschel, Dr. Ghillany u. A. werden im Text später ge-
nauer angeführt werden.

Die zahlreiche Handschriftensammlung des Regiomontanus mit vielen griechischen Klassikern gelangte nach
dessen Tod in den Besitz seines Schülers und Freundes
Bernhard Walther. Nach dem Nürnbergischen Mathematiker Werner (f. Gassendi in Vita Regiomontani
p. 368) hielt Walther diese Handschriften so sorgfältig
unter Schloß und Riegel, daß Niemand bei seinen Lebzeiten etwas davon zu sehen und zu lesen bekam. Nach
Walthers Tod (1504) verschleuderten und vergeudeten
leichtsinnige Erben später diese Schätze; nur weniges
rettete der Magistrat, der es dem Nürnbergischen Mathematiker Johann Schouer übergab, von dem auch
manches bekannt gemacht ward. Mehrere dieser Handschriften sind noch aufbewahrt in Nürnberg, in der dortigen Rathsbibliothek, ehemals auch in der v. Murr'schen

und in der Universitätsbibliothek zu Erlangen. Ueber die Handschriftensammlung vergleiche die Murr'sche Schrift: Notitia trium codicum autographorum Johannis Regiomantani in Bibliotheca Chr. Theoph. de Murr. Norimbergae 1800. Diese Codices waren:

1) Codex autographus Joh. Regiomontani Fol. 63 in versionem Jacobi Angeli Fiorentini Geographiae Claudii Ptolomaei adnotationes, eine sehr wichtige Schrift, welche Zeugniß gibt von der großen Kenntniß des Verfassers in der griechischen Sprache und

2) die gegen den Griechen Georg Trapezuntius gerichtete Streitschrift „Defensio Theonis contra Trapezuntium." In diesem Werk weist Regiomontanus dem gelehrten Griechen manche Unkenntniß der griechischen Sprache und manche sowohl an Ptolemäus als an dessen Erklärer, dem Alexandriner Theon, begangene Sünde nach. Diese an den König Matthias Corvinus gerichtete Schrift ist in einem sehr guten Latein verfaßt.

3) De Triangulis omnimodis Lib. V. Fol.

Da Bernhard Walther auch nach Doppelmayr S. 24 den von Regiomontanus zu Nürnberg hinterlassenen Apparat von Büchern und Manuscripten von dessen Erben kaufte, so würde es von Interesse sein, nachzuforschen, wer diese Erben gewesen, ob sie in Nürnberg gewohnt u. s. w.

Mit Hülfe seines reichen für die Astronomie begeisterten Freundes, des „erbaren" Bernhard Walther,

(ber, ohne Patrizier zu sein, doch dem großen Rath an=
gehörte), wurde auch der in der technischen Ausführung
der Instrumente wohl bewanderte Regiomontanus in den
Stand gesetzt, nicht nur in der Walther'schen Druckerei
seine Werke zum Druck zu bringen und auf der Wal=
ther'schen Sternwarte seine Beobachtungen zu machen,
sondern auch die Instrumente und Werkzeuge, die er sich
erfunden, auszuführen (s. Lichtenberg), mit denen er, wie
Doppelmayr S. 7 sagt, seine Beobachtungen sowohl bei
der am 2. Juni vorgekommenen Mondfinsterniß als auch
bei dem Erscheinen des Cometen, den 20. Januar 1472,
machte. So wurden u. A. Uhrenverbesserungen einge=
leitet, Pläne zur Herausgabe von Landkarten entworfen,
kostspielige astronomische Instrumente, z. B. die Quadrata
Geometrica und Torqueta, die Radii Hipparchici,
die Regulae Ptolemaei, Armillae und Astrolabien
aus Messing, Meteoroscopen, Astrarium, Planetarium,
parabolische Brennspiegel, Himmelsgloben und treffliche
Compasse gearbeitet. Auch verfertigte Regiomontanus
(nach Doppelmayr S. 9) in seiner officina fabrili ein
schönes Automaton, welches die eigentliche Bewegung
der Sterne zur großen Bewunderung der Anschauenden
darstellte.

Bernhard Walther ließ mehrere neue Instrumente
anfertigen, mit welchen sie gemeinschaftlich (Walther und
Regiomontanus) eine Reihe regelmäßiger Beobachtungen
anstellten, die Regiomontanus, der schon früher gegen den

Autoritätsglauben vorgegangen und die Untrüglichkeit der Alphonsinischen Tafeln brechen wollte, noch mehr von der Unzulänglichkeit der besagten Tafeln überzeugten. Diese Beobachtungen finden sich, wie Stern angibt, hinter den von Willebr. Snellius herausgegebenen observationes hassiacae.

Während seines Aufenthaltes in Nürnberg mußte auch der in der Mechanik erfahrene Regiomontanus einen entscheidenden Einfluß auf das zu seiner Zeit so augenfällige Aufblühen der eigentlichen schönen Künste zu üben und eine wohlthätige Wechselwirkung der Wissenschaft auf die Belebung bürgerlicher Geschicklichkeit und Gewerbe, welche letztere vielfach offenbar Regiomontanus' Schule darlegten, herbeizuführen. So hat Regiomontanus u. A. auch über „Wasserleitungen" (f. Gehlers physik. Wörterbuch V. p. 530), Gewichte und über „Brennspiegel" geschrieben. Letztere Schrift scheint verloren zu sein. In Doppelmayrs Nachr. S. 23 findet sich aber, wenn ich nicht irre, die Beschreibung eines aus Regiomontanus' Werkstätte hervorgegangenen Archimedischen Brennspiegels. Auch vom Astrolabium armillare schrieb Regiomontanus einen Tractat, der in der Nürnberger Ausgabe seiner Schriften vom Jahre 1554 zu finden ist.

Die hohe Kunstfertigkeit der Rothgießer in Behandlung des wahrscheinlich auch in Nürnberg erfundenen Messings wird schon im Spruch des Hans Rosenplüt von 1447 gepriesen und Siebenkees berichtet in seiner kleinen Chronik der Stadt Nürnberg S. 52, daß in Folge der in Nürnberg verfertigten astronomischen Instrumente u. s. w. daselbst eine Innung der berühmtesten Compaßmacher von Europa entstanden. Diese von vielen Schriftstellern wiedergegebene Angabe ist dahin zu berichtigen, daß, wenn auch zweifelsohne damals schon Compaßmacher in Nürnberg lebten, sie doch keine Zunft, sondern blos ein Handwerk bildeten, da in Nürnberg überhaupt keine Zunft geduldet wurde. Als die Compaßmacher 1520 supplicirten, ihnen eine Ordnung zu geben, wurde ihnen am 30. August dieses „aus guten Ursachen und gemeinem Handel zu Förderung abgeschlagen, sondern soll ihre Arbeit für eine freie Kunst gehalten werden und bleiben, wie bisher geschehen." Die Kunst, Compasse zu machen, wurde nach Regiomontanus' Zeiten von mehreren Künstlern ausgeübt, wie wir S. 19 schon bemerkt haben. Es gibt auch noch gegenwärtig viele Compaßmacher in Nürnberg, die namhafte Geschäfte betreiben. Die gewöhnliche Annahme, daß das Messing gegen das Jahr 1533 in Nürnberg (von Erasmus Ebner?) erfunden worden, kann nicht richtig sein, da schon im Jahre 1336 in Nürnberg Messingschmiede und Messingschläger vorkommen. Die Erfindung des Messings muß daher viel älter sein und wahrscheinlich ist im 16. Jahrhundert nur eine Verbesserung resp. Vervollkommnung in Nürnberg zur Ausführung gekommen.

Es ist selbstverständlich, daß da, wo derartige In=
strumente am Besten gemacht werden, neben praktischer
Fertigkeit auch theoretische Kenntnisse zu Hause waren.
Mehrere Instrumente dieser Art, darunter auch messingene
Astrolabien aus Regiomontanus Sammlung, die der
Rath der Stadt, wie bemerkt, i. J. 1505 von den
Erben Bernhard Walthers erkaufte, werden noch bis
heute auf der Stadtbibliothek zu Nürnberg in einem
Glasschrank sorgfältig aufbewahrt.*)

Wo nun diese von Regiomontanus gegründete und
geleitete mechanische Werkstätte in Nürnberg gelegen, ist
eben so wenig mit Bestimmtheit zu ermitteln, als wo das
Haus der Druckereiwerkstätte und die Wohnung des Re=
giomontanus selbst gestanden hat. Soviel ist gewiß, daß
aus beiden Werkstätten, die möglicherweise in einem Hause
gewesen sein können, werthvolle Producte hervorgegangen
sind, die der Astronomie und Mechanik viel genützt und
daß die mechanische Werkstätte (officina fabrilis), welche
von Astronomen, Mechanikern u. A., wahrscheinlich auch
von Martin Behaim, besucht worden, mathematische und
astronomische Instrumente geliefert hat, die für die nau=
tische Astronomie und für die Geschichte der Seeschifffahrt

---

*) Astrolabium diametro 10 digitorum. 1468.
  Aliud quinque digitorum diametri.
  Astrolabium arabicum cupreum, diametri 6 digitorum literis
  cuficis, lineisque argenteis distinctum (f. Murr, memorabilia
  bibliothecarum publicar. Norimbergens. p. I 9. 429 und
  II. 317. sqq.

und Entdeckungen von eminenter Wichtigkeit gewesen sind
und unserem Landsmann großen Ruhm erworben haben.

So lange nicht nachgewiesen wird, daß Behaim
seine Jugendzeit bis zum 16. Jahre anderswo als in
Nürnberg zugebracht hat, ist man gewiß berechtigt, anzunehmen, daß derselbe sich bis zu dem genannten Alter in
Nürnberg aufgehalten hat. In diesem Falle ist es dann
sehr wahrscheinlich, daß Martin Behaim, der später so
berühmt gewordene Seefahrer, Kosmograph und Mathematiker, auch Regiomontanus' mechanische Werkstätte besucht hat, da sie ihm, der aus einer angesehenen Familie
stammte, um so eher offen stand, als er sich für die
Anfertigung astronomischer und mathematischer Instrumente
interessirt haben muß und Bernhard Walther — der
Freund Regiomontanus' — in der unmittelbarsten Nähe
des Behaim'schen Geburtshauses Nr. 17 am Markt,
nämlich Nr. 19 am Markt, gewohnt hat. Da der Vater
des Seefahrers um 1474 gestorben ist und der mit
sieben Kindern hinterlassenen Wittwe daran gelegen sein
mußte, den ältesten Sohn Martin möglichst bald selbst-
ständig zu machen, so hat Martin Behaim wohl erst
1475 oder Anfang 1476 — in demselben Jahre wie
Regiomontanus — Nürnberg verlassen und ist auch nicht
früher nach den Niederlanden gekommen; denn er schreibt
selbst in einem Briefe an seinen Oheim Leonhard Behaim
in Nürnberg, datirt Mecheln 13. Okt. 1477: „er habe,
so lange er „außen" sei, nur erst einen einzigen

Brief von seinem Oheim, datirt Nürnberg 6. Dec. 1476,
erhalten." Da Behaim die Niederländische Tuchfabrika=
tion aus eigener Anschauung kennen lernen sollte, wie er
selbst in dem obengenannten Briefe schreibt, so muß er
1477 noch ein Jüngling gewesen sein, den wir im
April 1477 zu Mecheln, auf der Herbstmesse in Frank=
furt, im Herbst 1478 wiederum in Mecheln und in
Frankfurt, sowie im Jahre 1479 in Antwerpen finden,
von wo aus er im Frühjahr wieder die Frankfurter
Messe besucht. Der letzte von Martin Behaim aus den
Niederlanden an seinen Oheim Leonhard Behaim in Nürn=
berg gerichtete Brief ist aus Antwerpen vom 8. Juni
1479. „Behaim," sagt Ghillany, „damals ein junger
Mann von ungefähr 20 Jahren, muß bald nach dieser
Zeit und wahrscheinlich schon 1480 in Handelsgeschäften
einer Niederländischen Tuchfabrik nach Portugal gekommen
sein, entweder in Folge der portugiesischen Handelsver=
bindungen Nürnberger Kaufleute oder durch den Verkehr
der Niederlande mit jenem Königreiche." Im Jahre
1483 ist Behaim wieder von Portugal nach den Nieder=
landen und von hier nach Nürnberg gekommen, wie Dr.
Lochner (s. Nürnb. Korresp. 20. Nov. 1870) nachge=
wiesen; denn den 1. März 1483 wird Martin Behaim
in Nürnberg, weil er am 19. Febr. desselben Jahres
mit den Juden auf einer Hochzeit getanzt hatte, bei Ge=
legenheit einer Polizeistrafe, zu der er verurtheilt wurde,
vernommen. Behaim wurde acht Tage und Nächte und

Sebald Deichsler vier Tage und Nächte in ein versperrt
Kämmerlein, beide halb auf Gnade, d. h. mit der Er=
laubniß, die Hälfte mit Geld abzukaufen, gestraft; am
6. März wurden auch die zwei anderen jugendlichen
Theilnehmer, Sebald Tucher und Steffan Paumgartner,
aus gleicher Verschuldung mit gleicher Strafe unter gleichen
Verhältnissen bedacht. Im Mai 1484 ist Behaim zum
zweitenmal nach Portugal gereist, und 1491, sechs Jahre
später, zum zweitenmale nach seiner Vaterstadt Nürnberg
zurückgekehrt.

Der Nachweis, daß Behaim 1483 in Nürnberg
gewesen, ist für die Lebensstellung Behaim's eine sehr
wichtige Thatsache, nicht etwa, weil Behaim mit den
schwarzäugigen Töchtern Israels getanzt und dafür mit
Gefängniß bestraft, sondern weil diese im Verein mit anderen
jugendlichen Genossen vorgenommene Handlung mit
Bestimmtheit beweist, daß Behaim ein junger Mensch
damals gewesen, der nicht, wie v. Murr behauptet, 1430
geboren worden sein kann, weil einem Dreiundfunfziger
in der Regel nicht einfallen wird, mit den Rebekka's
und Sara's der Judengasse im lustigen Tanze sich zu
drehen.

Da aus allen diesen gemachten Angaben unzweifel=
haft hervorgeht, daß Behaim bei der Anwesenheit des
Regiomontanus in Nürnberg (1471—1475) erst gegen
16 Jahre alt, also gerade in den Jahren gewesen, wo
man sich höheren Studien zuneigt, so kann er in Folge

seines Lebensalters recht gut der Schüler des Regiomon=
tanus gewesen sein, wenn dies auch v. Murr in seinem
rechthaberischen Eigensinn nicht zugeben will, der (vergl.
seine diplom. Gesch. Behaims) durch seine falsche Angabe
des Geburtsjahres Behaims und durch die Verwechselung
von Vater und Sohn, welche beide Martin geheißen,
große Verwirrung in die Lebensgeschichte Martin Behaims
gebracht und ihn als Schüler des Regiomontanus un=
möglich gemacht, da er das Alter des Seefahrers Behaim
(geb. um 1459, nach v. Murr aber 1430) um 29 Jahre
zu hoch gesetzt hat.

Allein auch abgesehen von allen obigen Angaben,
wonach Behaim in Folge seines Lebensalters der Schüler
des Regiomontanus gewesen sein kann, ist er es auch in
der That gewesen, weil er sich selbst öffentlich gerühmt
hat, ein Schüler des Regiomontanus gewesen zu sein,
wie die gleichlautenden Aussagen der portugiesischen, ita=
lienischen, französischen und deutschen Schriftsteller be=
weisen. Ist es auch bedauerlich, daß wir über die
Jugendzeit Behaims wie über sein letztes Lebensdecennium
keine nähern Nachrichten und über sein Verhältniß zu
Regiomontanus von ihm selbst bis jetzt nichts Geschriebenes
oder Gedrucktes besitzen und vielleicht die oben auf Grund
seines Lebensalters gezogenen Schlüsse nicht so zwingender
Natur sind, um eine an sich wahrscheinliche Sache sicher
zu stellen, so dürften doch die Aussagen der sogleich an=
zuführenden Schriftsteller schlagende Argumente bilden, die

geeignet sein werden, jeden Zweifel in dieser Hinsicht
umsomehr schwinden zu lassen, als Behaim, der Astro=
labium und Jakobstab in die portugiesische Marine eingeführt,
damals zu jung gewesen, um derartige Instrumente, die Regio=
montanus schon in Wien und Nürnberg gearbeitet, nochmals
selber zu erfinden, und nur dem Umstand, daß er ein
Schüler des Regiomontanus gewesen, seinen Ruf in die
mathematische Kommission (junta) in Lissabon zu verdanken
gehabt hat. Dieser Umstand mußte dem jungen Mann
in der Kommission ein besonderes Gewicht geben.

Martin Behaim, ein sehr wahrheitsliebender Mann,
hat in der That niemals ein Geheimniß daraus gemacht,
wem er alle jene Verbindungen zu verdanken gehabt, ja
sich öffentlich gerühmt, ein Schüler des Regiomon=
tanus zu sein. So schreibt der portugiesische Schrift=
steller João de Barros in seinen Decaden I, lib. IV,
cap. 2: „ein gewisser Martin de Bohemia rühmte sich,
ein Schüler des Joh. Regiomontanus, eines unter den
Kennern dieser Wissenschaft berühmten Astronomen zu
sein", während der spanische Schriftsteller Antonio de
Herrera in seinen Decaden *), deren Autorität so wenig
in Zweifel gezogen werden darf, als die Handschrift des
Pigafetta, sagt: „Columbus sei in den Gründen, die ihn
bestimmten, den Seeweg nach Ostindien gegen Westen
aufzusuchen, durch seinen Freund, den Portugiesen

---

*) Herrera, dec. I, lib. I, cap. 2 und dec. II, lib. 2, cap. 19.

Martin de Bohemia, einen großen Kosmographen, (na=
türlich Niemand anders als Martin Behaim, dessen Fa=
milie aus Böhmen stammt) auf der Insel Fayal bestärkt
worden". Auch Maris Dialogos, der Verfasser der Hi-
storia insulana und der italienische Jesuit Peter Maffei
(geb. zu Bergamo, gest. 1603) sagen ausdrücklich, daß
Behaim sich rühmte, in Regiomontanus Schule gewesen
zu sein. Dasselbe sagen ferner der französische Rechts=
gelehrte Petrus Matthäus, der am Ende des 16. Jahrh.
lebte, in seinen Anmerkungen zum canonischen Recht (ad
VII decretalium lib. I, tit. IX de insulis novi orbis),
der portugiesische Schriftsteller Sebastião de Mento Tri-
goza (Memorias de litteratura Portugueza etc.) und
Andere. Auch die deutschen Gelehrten und Geographen:
Karl Ritter, Alexander v. Humboldt, Oscar Peschel,
Dr. F. W. Ghillany u. A. halten Behaim für einen
Schüler des Regiomontanus. „Ohne Zweifel," sagt
v. Humboldt in seinen Kritischen Untersuchungen I.
S. 234, „trug der Umstand, daß Behaim sich rühmte,
ein Schüler des Regiomontanus zu sein, und daß er
aus der Stadt war, in welcher der Papst Sixtus IV.
dem Regiomontanus den Vorschlag hatte machen lassen,
nach Rom zu kommen, um an der Verbesserung des
Kalenders zu arbeiten, wesentlich dazu bei, seinen Ruf
in der Kosmographie so schnell in Portugal neben dem so
vieler anderen Männer zu begründen, welche sich mit
der Vervollkommnung der Schifffahrtskunde beschäftigten."

Nach dieser kurzen Abschweifung, die wir aber zum Verständniß späterer Behauptungen für nothwendig halten, wie sich im weiteren Verlaufe herausstellen wird, kehren wir wieder zu Regiomontanus zurück und wollen zunächst auf die ihm fälschlich vindicirten Verdienste, sowie schließlich auf seine wirklichen Verdienste, namentlich um die epochemachenden geographischen Entdeckungen seiner Zeit näher eingehen.

„Je größer der Ruhm des Regiomontanus war," bemerkt E. F. Apelt in seinem obenangegebenen vortrefflichen Buche S. 46 2c., „desto mehr hat man ihn vergrößern wollen, indem man ihm Verdienste zuschrieb, auf die er in Wahrheit keinen Anspruch zu machen berechtigt ist. Schon Doppelmayr in seiner historischen Nachricht von den Nürnbergischen Mathematicis und Künstlern S. 22 hat ihn als einen Vorläufer des Kopernikus in der Lehre von der Erdbewegung bezeichnet und Schubert behauptet in seiner kleinen Schrift: Peurbach und Regiomontanus S. 38, daß er lange vor Kopernikus die Bewegung der Erde um die Sonne erkannt und seinen Schülern gelehrt habe. Ein solches Urtheil konnte nur aus einer gänzlichen Unkenntniß der hierauf bezüglichen Thatsachen hervorgehen. Das einzige historische Document, worauf diese Behauptung allein gegründet werden könnte und in der That gegründet worden ist, ist das zweite Kapitel von Johann Schoner's 1533 zu Nürnberg erschienenen Opusculum geographicum,

an deſſen Ueberſchrift man ſich gehalten zu haben ſcheint,
ohne etwas Weiteres von ſeinem Inhalt zu wiſſen. In
dieſer Abhandlung Schoners iſt aber, wie Apelt nach=
weiſt, nur von einer Axendrehung der Erde, keineswegs
aber von einer Bewegung der Erde um die Sonne die
Rede. Das würde ſchon daraus erhellen, daß der be=
wegten Erde nicht die ruhende Sonne, ſondern der ruhende
Himmel entgegengeſetzt wird, wenn die fragliche Bewegung
auch nicht ausdrücklich und wiederholt als eine Umdrehung
der Erde um ihr Centrum und um ihre Pole bezeichnet
würde. Die Idee einer Bewegung der Erde um die
Sonne iſt dem Regiomontanus nie in den Sinn ge=
kommen; ſie ſprang aus Kopernikus' Geiſt wie Minerva
aus Jupiters Haupte. Daß Regiomontanus die Mög=
lichkeit einer Axendrehung der Erde erwog, lag für ihn
ſehr nahe, da Ariſtoteles und Ptolemäus bereits dieſe
Frage erörtert hatten. Aber weit davon entfernt, die
Rotation der Erde zu behaupten, läugnet er gerade die=
ſelbe, und zwar aus denſelben Gründen, aus welchen
ſchon Ariſtoteles und Ptolemäus dieſe Anſicht verworfen
hatten. Die jährliche Bewegung der Erde um die
Sonne hat Kopernikus zuerſt erkannt. An Bewegung der
Erde hatte man ſchon früher öfter gedacht. Aber ein
ſolcher Gedanke blieb nichts weiter als eine kühne Idee,
ſo lange man nicht geometriſch zeigte, wie ſich die
Himmelserſcheinungen aus dieſen Annahmen erklären laſſen.
Das war es, was Kopernikus leiſtete."

Die ideelle Verkettung der erweiterten astronomischen Weltansicht zwischen den verschiedenen Jahrhunderten ist freilich nicht zu verkennen. So wie Kopernikus und seine Schüler Rhäticus, Reinhold und Mästlin, wenn gleich der Zeit nach getrennt, auf die Arbeiten von Kepler, Galilei und Newton anregend eingewirkt, so war gewiß auch die Reihe der im 15. Jahrhundert lebenden ausgezeichneten Mathematiker und Astronomen von dem Rheinländer Nicolaus von Cusa (Cauß) bis zu Peurbach und Regiomontanus auf den jungen deutschen Astronom Kopernikus (geb. 1473 in Thorn, gest. 1543 als Domherr zu Frauenburg in Ermland) von mächtiger Wirkung, dessen Geist sich an allen jenen deutschen Vorbildern entzündete. Der Gedanke an Regiomontanus' Ruhm, der damals nach allen Seiten hin befruchtend und anregend wirkte — auch i. J. 1539, wo Georg Joachim Rhäticus von Frauenburg den unter dem Namen der Prima Narratio bekannten ausführlichen Bericht an seinen väterlichen Freund Joh. Schoner in Nürnberg schickte, behaupteten die Mathematiker und Astronomen Nürnbergs noch immer den ersten Rang in Deutschland und vielleicht in Europa — erfüllte die feurige Seele des Jünglings Kopernikus, der später der Sonne ihren Platz anwies und der Erde ihren Lauf.

Eben so wenig ist Regiomontanus Miterfinder der um 1440 in Deutschland erfundenen Buchdruckerkunst gewesen, wie dies Petrus Ramus (in Scholis Math.

p. 64) n. A. andeuten (vergl. S. 24 u. 45). Wenn
auch die Walther'sche Druckerei in Nürnberg wegen der
Correctheit der in derselben gedruckten Bücher ausgezeichnet
war, so hat Regiomontanus vermuthlich mehr Verdienste
um die Erfindung besserer Typen als um die Kunst
selbst gehabt. Ueberdies lehnt Regiomontanus das ihm
vindicirte Verdienst selbst ab und eignet es anderen zu,
indem er in der Vorrede seines Werkes des in Theoricas
Planetarum des Gerhardi Cremonensis edirt sagt:
Quis nescit mirificam illam formandi artem nuper
a nostratibus excogitatam?

Auch ist Regiomontanus nicht, wie man gewöhnlich
behauptet, der erste Erfinder der Ephemeriden, wie aus
Regiomontanus' Bericht an den M. Christianum (s. Dop-
pelm. S. 9) leicht zu ersehen. Die ersten Ephemeriden
gab Purbach, der Lehrer des Regiomontanus, für die
Jahre 1450—61 heraus. Auf der Bibliothek in Paris
sollen sich n. A. Ephemeriden befinden, die auf das
1442. Jahr und andere mehr berechnet gewesen, demnach
etwas älter als die von Regiomontanus wären (s. Journ.
des Sçav 1702 p. 347 und P. Glaß in vita Regiom. p. 361). Auch soll eine schwäbische Ephemeride
früher bestanden haben. „Ephemeriden gab es,“ wie
Apelt S. 45, 43 und 46 bemerkt, „schon früher, aber
Regiomontanus hat diesen astronomischen Jahrbüchern zuerst
eine wissenschaftliche Form gegeben, die Himmels-
begebenheiten in fortlaufender Reihe aufgeführt und nicht

blos vereinzelt nach ihrer Merkwürdigkeit herausgehoben.
Auch waren seine in Nürnberg erschienenen Ephemeriden
die ersten in Druck erschienenen. Sie geben unmittel=
bar eine Reihenfolge von Oertern des Himmelkörpers für
gleich weit von einander abstehende Zeitpunkte eines und
desselben Jahres, aus denen man ohne Schwierigkeit den
Ort für jeden zwischenliegenden Zeitpunkt finden kann.
Regiomontanus, der die Unrichtigkeit der Alphonsinischen
Tafeln erkannt, hatte (welche die in dem genannten Um=
kreis von Erscheinungen möglichen Fälle enthalten, aus
denen man den für einen bestimmten Zeitpunkt wirk=
lichen Fall erst berechnen muß) und sie nur das Som=
nium Alphonsinum nannte, setzte 1473 an deren Stelle
seine berühmten astronomischen Ephemeriden,
welche eine weit leichtere und bequemere Form der Be=
rechnung der Oerter der Himmelskörper gewährten, als
die Tafeln."

Diese dem Könige Matthias Corvinus von Ungarn
gewidmeten und von ihm mit 1200 Goldgülden honorirten
Ephemeriden wurden gleich bei ihrem Erscheinen so begierig
von allen die Wissenschaft liebenden Männern in Italien,
England, Frankreich 2c. ergriffen, daß ein Exemplar mit 12
Dukaten bezahlt wurde und daß man sich glücklich schätzte,
in einer Bibliothek auch nur Bruchstücke dieses Werkes
zu sehen (Petr. Gassendi, Miscellanea T. V. p. 530).
Und in der That leisteten sie der damaligen Welt einen
großen Dienst, sind das Vorbild aller späteren ähnlichen

Schriften geworden und zeigen einen viel wissenschaft=
licheren Charakter als ähnliche Versuche früherer Art.
War Regiomontanus' Kalender als eine neue Idee von
dem ausgebreitetsten Nutzen, der als der erste in seiner
Art das Muster und Vorbild aller Kalender bis auf
die neueste Zeit geworden, so behaupten die Ephemeriden
in astronomischer Hinsicht unter den Meisterstücken des
menschlichen Wissens, Scharfsinnes und Fleißes nach dem
Urtheil der Sachverständigen wie Bailly u. A. den ersten Rang.

Regiomontanus nimmt nicht nur in der Geschichte
der Astronomie, sondern vielmehr noch in der Cultur=
geschichte des deutschen Volkes überhaupt eine bedeutende
Stelle ein. Werfen wir einen Gesammtblick auf das
Leben und auf die Werke des Regiomontanus, so tritt
uns, wie aus dem Vorhergehenden ersichtlich sein wird,
dieser bedeutsame deutsche Mann in vier charakteristischen
Eigenschaften entgegen:

1) als ein großer Beförderer der griechischen
Sprache und Literatur in Deutschland vergl.
S. 6, 7, 8, 9,

2) als ein großer Beförderer der Mathematik,
der Algebra und Trigonometrie s. S. 7, 16, 36, 63, 64,

3) als ein großer Beförderer der Mechanik
s. S. 50, 51, 52, 53,

4) als einer der bedeutendsten deutschen
Astronomen als welcher er auch den ersten deut=
schen Kalender geschrieben hat, s. S. 28, 29, 30, 31.

5

Alle diese genannten Verdienste des Regiomontanus sind weltbekannt und dürfen nicht in Zweifel gezogen werden. Besonders die Autorität des Regiomontanus als Astronom kann in keiner Weise bezweifelt und bestritten werden; ja er ist in der That und ohne Widerspruch einer der größten Astronomen gewesen, welchen Europa hervorgebracht, wie M. Delambre in seiner Histoire de l'astronomie du Moyen âge. Paris 1819 p. 565 („Regiomontan était sans contredit le plus savant astronome qu'eût encore produit Europe") sehr richtig bemerkt. Regiomontanus, der sich seit des Ptolemäus Zeiten als einer der besten Köpfe in der Astronomie hervorgethan, ist nicht nur als der Vater der neueren Astronomie und Naturkunde zu betrachten, auf dessen Studien und Forschungen sich stützend spätere Astronomen uns die entfernteren Regionen der Schöpfung in ungleich späteren Zeiten vollkommen aufzuschließen vermochten, sondern auch als der alleinige Wiederhersteller der erhabensten und schwierigsten aller Wissenschaften, der Astronomie, zu preisen, wie dies von Gassendi, Bailly u. A. berühmten Männern anerkannt worden ist.

Alle diese und andere Verdienste sind unläugbare Thatsachen. Weniger bekannt und bisher nicht genug gewürdigt sind Regiomontanus' Verdienste um die epochemachenden geographischen Entdeckungen seines Jahrhunderts, die wir um so höher schätzen müssen, als er einer der Unsrigen gewesen, der tief im deutschen Binnenlande geboren ist. Auf Grund langjähriger Studien bin ich wenigstens zu der festen Ueberzeugung gelangt, daß Regiomontanus durch seine Verbesserung des Astrolabiums, durch seine Erfindung des Jakobstabes und vornehmlich durch seine Ephemeriden nicht nur geistig an den epoche=machenden Entdeckungen seines Jahrhunderts betheiligt gewesen, sondern auch wesentlich zur Ausführung des Planes von Columbus, nach Westen zu segeln, beige= tragen hat — mithin in erster Linie ebenso wie Martin Behaim zu den Vorläufern · des Co= lumbus und geistigen Entdeckern Amerika's zu zählen ist.

Meinen obigen Bemerkungen, daß Martin Behaim ein Schüler des Regiomontanus gewesen, dessen er sich selbst rühmte, will ich zuvörderst hier noch beisügen, daß die beiden Seefahrer Behaim und Columbus, wie auch Alexander v. Humboldt in s. kritisch. Unters. Bd. I. S. 229 bewiesen, sich gleichzeitig mit sehr wenig Unter= brechungen in den Jahren 1482 und 1484 in Lissabon befunden und sich mit nautischen Plänen beschäftigt haben. Was die persönlichen Verhältnisse zwischen denselben be= trifft*), so ist es höchst wahrscheinlich, daß zwischen Beiden Beziehungen stattgefunden haben, obgleich sie durch

---

*) Columbus, 1456 geboren, soll schon 1470 in einem Alter von 14 Jahren zuerst nach Lissabon gekommen sein vergl. Ausland Nr. 50. 11. Dec. 1866: Ueber das Geburtsjahr des Columbus. Von Dr. Osc. Peschel.

nichts unmittelbar nachgewiesen werden können, wenn auch, wie schon oben bemerkt, Herrera sagt, daß Columbus in seinen Ideen über die geringe Entfernung der Ostküste von Asia durch seinen Freund Martin de Bohemia unterstützt und den Seeweg nach Ostindien gegen Westen aufzusuchen bestärkt worden.

In Erwägung, daß Martin Behaim aus Nürnberg der Schüler des Regiomontanus und mit Columbus bekannt gewesen; daß Behaim als Mitglied der Junta de Mathematicos angehört, welche nach Barros Dec. 1. Lib. 4. c. 2 vom König Johann II. beauftragt war, eine Methode anzugeben, nach der Sonnenhöhe zu schiffen (maneira de navegar per altura do Sul); daß Behaim das Astrolabium des Regiomontanus mit der stereographischen Horizontalprojection gekannt, solches wahrscheinlich bei der Junta vorgezeigt und sicher auf seinen späteren Reisen mit Diego Cano oder Cām geprüft hat und daß Behaim den von Regiomontanus erfundenen Jakobsstab in die portugiesische Marine eingeführt hat nach alledem wird die Annahme berechtigt sein, daß Columbus mit Hülfe der epochemachenden Arbeiten des Regiomontanus, dessen Ephemeriden er überdies nachweislich mit am Bord seines Schiffes hatte, und durch die zum speciellen Zwecke der Prüfung der Methoden unternommene Reise Martin Behaims seine große Idee der Entdeckung eines westlichen Contingents hat durchführen können. Bei den folgenden Reisen, bei denen wir schon ziemlich exacte Breiten in Westindien und in dem amerikanischen Continent niedergelegt finden, kann der Einfluß dieser Arbeiten kaum bezweifelt werden. Die in den Jahren 1500 und 1508 erschienenen Karten von de la Cosa und Ruysch beweisen jedenfalls, daß man Instrumente und Methoden gekannt haben muß, mit denen man annähernd Positionen hat nachweisen können.

Man weiß allerdings nicht, welche Instrumente Columbus auf seiner Reise benutzt hat; da aber von italienischen Instrumenten jedenfalls keine Rede ist, so müssen es deutsche Apparate und Methoden gewesen sein, solange es nicht erwiesen werden kann, daß Columbus italienische benutzt hat.

Da Columbus, der die ersten Längen für zwei westindische Orte astronomisch ermittelt, schon auf seiner ersten Reise eine bestimmte Breite angibt und nach Allem, was man darüber zusammenstellen kann, diese annähernde Messung nicht durch Gießung hat erlangen können, so muß er nothwendigerweise sich eines Instrumentes zur Bestimmung und Beobachtung der Sonnenhöhe bedient haben, um sich in der Breite zu orientiren, da bekanntlich durch den Compaß man wohl nach der Himmelsgegend steuern kann, der Seefahrer aber ungewiß bleibt, in welchen Breitengraden der Erdkugel er sich befindet.

Und welches Instrument wäre zu diesem Zwecke mehr geeigneter gewesen, als das von Regiomontanus

verfertigte verbesserte Astrolabium und der von ihm erfun=
dene Jakobsstab oder Gradstock, zumal auch die berühmten
Ephemeriden Regiomontanus' dazu benutzt werden konnten —
jene astronomischen Tafeln, in denen der Ort des Standes
der Sonne und anderer Himmelskörper auf 32 Jahre
(1474—1506) zum Nutzen der Seefahrer vorausbe=
rechnet war?

Ist auch das angeblich von Hipparchus (164—128
vor Chr. Geb.) erfundene und von Ptolemäus verbesserte
Astrolabium — Ptolemäus spricht im dritten Kapitel
des ersten Buches seiner Geographie von einem Instru=
ment μετεωροσκόπιον, das ihm sehr gute Dienste zur Auf=
findung der Länge und Breite der Orte geleistet habe
— im Alterthum und vielleicht auch später den Portu=
giesen bekannt gewesen, so ist doch sein Gebrauch, wie
die damalige Küstenschifffahrt beweist, auf das Land
beschränkt geblieben. Nach den Aussagen von Barros,
Silvius, Maffei, Matthäus u. A. erstreckte sich die ganze
damalige Schifffahrt der Seeleute nur längs der Küste.

Wenn auch Raymundus Lullus aus Majorca in
seiner Arte de navegar zwei Jahrhunderte vor Behaim
das Astrolabium beschrieben und schon in seinem i. J. 1295
verfaßten Buche: „Fenix de las maravillas del orbe"
sagt, daß die Seefahrer seiner Zeit sich der Meßinstru=
mente, der Seekarten und der Magnetnadel bedienten
(tenian los mareantes instrumento carta compas y
aguja) und schon in der Mitte des 13. Jahrhunderts

in der Marine der Catalaner und der Insel Majorca
nautische Instrumente üblich waren, um die Zeit
durch Sternhöhen zu finden und wenn auch die
früheren Schifffahrten der Catalaner nach der Nordküste
von Schottland und nach der Westküste des tropischen
Afrika's, die Entdeckung der Azoren (Bracir=Inseln der
Weltkarte von Picigano 1367) durch die Normänner u.
f. w. uns erinnern, daß lange vor Columbus man den west=
lichen Ocean durchschiffte, so waren doch die Castilianer
im Anfange des 15. Jahrhunderts noch schüchterne See=
fahrer, die sich selbst im Mittelmeer ängstlich an den
Küsten hielten*). In der Mitte des 15. Jahrhunderts,
um dieselbe Zeit, wo der Portugiese Nonius den von
Regiomontanus erfundenen Gradstock zum Beobachten auf
der See beschreibt (Coimbra 1546), erschien in Spanien
das seiner Zeit berühmte Werk von Medina über Steuer=
mannskunst, in welchem das Astrolabium beschrieben wird.

„Das erste Land", sagt Barros**), „wo Vasco
de Gama vor seiner Ankunft am Vorgebirge der guten
Hoffnung anlangte, war die Bai, die wir jetzt St. Helena
nennen, fünf Monate, nachdem er von Lissabon abgesegelt.
Hier stieg er an das Land, um Wasser einzunehmen und
zugleich die Sonnenhöhe zu messen. Denn da sich

---

*) Gesch. des Zeitalters der Entdeckungen. Von O. Peschel.
S. 160.

**) Barros Asia Dec. I. Lib. IV. c. 2. nach Dr. Breusing's
Uebersetzung in dessen obengenannter Abhandl.

die Seeleute dieses Reiches erst seit kurzer Zeit zu
diesem Geschäfte des Astrolabiums bedienten und die
Schiffe klein waren, so getraute er sich wegen des
Schlingerns derselben nicht recht die Höhe an Bord zu
nehmen, besonders mit einem hölzernen Astrolabium
von drei Palmen Durchmesser, das man auf einem Drei=
fuße befestigte, um die Sonnenlinie besser bestimmen und
die wahre Höhe jenes Ortes genauer und richtiger angeben
zu können, obwohl man auch kleinere Astrolabien
von Messing hatte. So einfach begann diese Kunst,
die der Schifffahrt so sehr fruchten sollte. Und weil
dieselbe in diesem Reiche zuerst auf die Schifffahrt
angewendet wurde, so wird es nicht unpassend erscheinen,
wenn ich (obwohl ich in meiner Geographie in dem ersten
Buche diesen Gegenstand ausführlich behandele) berichte,
wann und von wem sie erfunden wurde, da diese
Arbeit nicht weniger lobenswerth ist, als die anderer
neuerer Erfinder, welche zum Gebrauche der Menschen
dienliche Sachen hergestellt haben. Zur Zeit, als der
Infant Heinrich die Entdeckung von Guinea begann, ge=
schah alle Schifffahrt längs der Küste, die sie zur Richt=
schnur nahmen; von dieser hatten sie ihre Kenntniß nach
Zeichen, aus denen sie „Segelanweisungen“ machten, wie
man sie ähnlich noch jetzt in Gebrauch hat; und für
jene Art zu schiffen genügte dies. Aber sobald sie die
entdeckten Reiche so befahren wollten, daß sie die Küste
aus dem Gesichte verloren und in die hohe See steuerten,

erkannten sie, wie sehr sie sich in der Schätzung und Bemessung nach Tagfahrten, die sie auf ihre Weise dem Schiffe auf 24 Stunden Wegs beilegten, sowohl in Folge der Strömungen als anderer Geheimnisse, die das Meer birgt, dem Irrthum aussetzten, während die Sonnenhöhe den wirklichen Weg ganz zuverlässig angibt. Wie nun die Noth alle Künste lehrt, so vertraute der König Johann II. dieses Geschäft in seiner Zeit dem Meister Rodrigo und Meister Josepe, einem Juden, beide seine Aerzte, und einem Martin von Böheim an, der aus jenem Lande gebürtig war und sich rühmte, ein Schüler des Johannes Regiomontanus zu sein, eines unter den Kennern dieser Wissenschaft berühmten Astronomen. Diese erfanden nun diese Weise, nach den Meridianhöhen der Sonne zu fahren und machten hierüber Tafeln nach der Abweichung derselben, wie es jetzt unter den Seeleuten im Brauche ist und zwar genauer als zu Anfang, wo man sich noch dieser großen hölzernen Astrolabien bediente."

Da diese Aufgabe, den portugiesischen Seeleuten „das Fahren nach Sonnenhöhen" zu lehren, mithin Mittel an die Hand zu geben, wie man die Breite und Meridianhöhen der Sonnenhöhe bestimmen könne, zu ihrer Lösung die Kenntniß von zwei Größen, deren eine die Mittagshöhe und deren andere die Abweichung der Sonne ist, verlangt; die Alphonsinischen Tafeln — von denen des Regiomontanus ganz abgesehen — den Ort der Sonne damals aber schon so genau angaben, daß der Fehler sich nur nach Minuten berechnete, mithin in Hinsicht auf dieses astronomische Element, die Breiten=bestimmung im Zeitalter der Entdeckung unmöglich um ganze Grade fehlerhaft hätte sein können, so mußte das Hauptaugenmerk der Junta auf die hauptsächlichste, man möchte sagen, die einzige Schwierigkeit gerichtet sein, die offenbar in der Beobachtung der Sonnenhöhe und in den zu der Höhenbeobachtung gebrauchten Instru= menten lag.

Die Berechnung der Tafeln für die Abweichung der Sonnenhöhe ist demnach wohl nicht die Hauptaufgabe der Junta gewesen, sondern die zu der Beobachtung der Sonnenhöhe gebrauchten Instrumente. Während die einfache, so vielfach mißverstandene Aufgabe der astro= nomischen Junta, wie Dsc. Peschel in seiner Gesch. des Zeitalters der Entdeckungen S. 91 2c. annimmt, darin bestanden, daß Dom João II. dafür (zur genauen Kennt= nißnahme des veränderlichen Standes der Sonne inner= halb der Jahreszeiten am Tage der Beobachtung) neue auch für die südliche Breite geltende Tafeln der Sonnenhöhe vorausberechnen ließ, sicht Dr. Breusing in der citirten Aussage des Barros den Gegensatz zwischen früher und jetzt allein in den angewandten Instrumenten, meint, daß nach Barros Aussage die Junta offenbar die Weise zu beobachten gefunden habe, wie sie zu der Zeit, wo Barros schrieb, unter den Seeleuten üblich war und diese jetzt gebräuchliche Weise

den Vortheil der größern Genauigkeit vor der früher
in Gebrauch gewesenen Beobachtung mit Hülfe von
Astrolabien habe und gelangt zu dem Schluß, daß Martin
Behaim das Instrument des Regiomontanus, den Grad=
stock, in die portugiesische Marine eingeführt habe. „Es
ist nicht unwahrscheinlich," fährt er fort, „daß die beiden
ersten (Rodrigo und Josepe, der Jude) das damals schon
gebräuchliche Astrolabium empfahlen und die größere Ge=
nauigkeit durch die Vergrößerung des Instruments er=
zwingen wollten, denn bei größerem Halbmesser war
allerdings eine genauere Ablesung möglich. Bisher waren
sie aus Messing gemacht, aber wegen des sonst zu großen
Metallgewichts nur in kleinerem Maßstabe ausgeführt.
So schlugen sie denn hölzerne Astrolabien vor, und als
Vasco de Gama seine Reise antrat, nahm er, außer den
gewöhnlichen kleineren messingenen Astrolabien, auch ein
größeres hölzernes an Bord. Aber auf See ließ sich
ihre Genauigkeit nicht vergleichen. Ihr Grundübel lag
darin, daß sie auf dem schwankenden Schiffe, selbst wenn
sie in freier Hand gehalten wurden, fortwährend hin=
und herschwankten. Wurde nicht die genaue Ablesung
des größeren Instruments durch dessen größere Schwan=
kungen wieder aufgehoben? Um dies zu untersuchen,
nahm er in der Nähe der St. Helena=Bai einige Mittags=
höhen auf See und stieg dann an das Land, wo der
feste Boden eine sichere Aufstellung gestattete. Und hier fand
er, was er nicht anders finden konnte, daß die Beobachtungen,

welche er in See mit dem großen Astrolabium gemacht
hatte, ebenso, wenn nicht noch ungenauer waren, als die
mit den kleineren. War Behaim's Vorschlag auf Ein=
führung des Gradstocks vorher nicht durchgedrungen,
nach diesen Erfahrungen mußte man sich entschließen,
Versuche damit anzustellen. Die Uebung ließ seine großen
Vorzüge erkennen und Portugal erwarb sich das Verdienst,
das neue Instrument zuerst in die Schifffahrt eingeführt
zu haben."

Aus all' dem Gesagten ersehen wir unzweifelhaft,
daß Barros in seinem Bericht nicht ganz klar ist
und daß derselbe mannigfachen Auslegungen unterworfen
werden kann. Auch dürfte nicht zu übersehen sein, daß
die Geschichte der Portugiesen in Ostindien, die den
Titel „Asia" führt, bloß in ihren ersten Decaden
(Lissabon 1552—1563. 3 B.) von Barros herrührt
— die Fortsetzung bis zur 12. Decade lieferte Diego
de Couto —, daß mithin Barros seinen Bericht 68 Jahre
später publizirt hat, als Behaim Mitglied der Junta
gewesen. Wenn wir auch nicht der Meinung sind, daß
Martin Behaim ein Astrolabium selbst erfunden resp.
angefertigt, weil er noch zu jung gewesen, oder ein großes
Astrolabium an den Mast befestigt hätte, vielmehr über=
zeugt sind, daß Behaim das Astrolabium des Regiomon=
tanus mit der stereographischen Horizontalprojection der
mathematischen Kommission in Lissabon — ebenso wie
den Jakobsstab des Regiomontanus — vorgezeigt hat,

so wird es doch von chronikalischem Interesse sein, folgende auf das Astrolabium bezüglichen Aussagen und Meinungen bekannter Schriftsteller hier anzuführen.

„Für gewiß kann angenommen werden," sagt Francisco de Borja Garção=Stockler in Portugal über Martin Behaim*), daß dieser deutsche Astronom, unterstützt von zwei anderen Portugiesen mit Namen José und Rodrigo . . . der Erfinder des Astrolabiums war, welches wir das nautische nennen können, um es von dem im Almagestus von Ptolemäus beschriebenen Astrolabium und von den äquatorischen Himmelskugeln (?) des Tycho de Brahe zu unterscheiden, welche Einige auch Astrolabien nennen, Instrumente, deren sinnreiche Einrichtung wahrscheinlich zur Erfindung jenes andern beitrug, das unsere Astronomen erdachten, um damit auf der See die Höhe der Sonne am Horizont zu beobachten. Es war dieses Astrolabium um so nöthiger für die Fortschritte in der Schifffahrt, als ohne ein für diese Art von Beobachtungen geeignetes Instrument selbst die Kenntniß, daß man durch die Höhe der Gestirne die Breite irgend eines Ortes genau bestimmen könnte, für die Schifffahrt unfruchtbar gewesen wäre."

„Wie die Anwendung der Astronomie — heißt es in Humboldt's Kosmos II. S. 295 und 296 — auf die Schifffahrtskunde durch den von Andalone del Nero,

---

*) Ensaio historico sobre a originem e progressos das mathematicas em Portugal. Paris 1819..

Joh. Bianchini, Regiomontanus u. A. schon im 13. und 15. Jahrhundert ausgeübten Einfluß vorbereitet war, so erhielten auch die Astrolabien zur Bestimmung der Zeit und der geographischen Breite durch Meridianhöhe, anwendbar auf einem immer bewegten Elemente, allmälige Vervollkomm= nung; sie erhielten sie von dem Astrolabium der Piloten von Majorca an, welches Raymund Lullus in dem Jahre 1295 in seiner Arte de navegar beschreibt, bis zu dem, was Martin Behaim 1484 in Lissabon zu Stande brachte und das vielleicht nur eine Vereinfachung des Meteoroscops*) seines Freundes Regiomontanus war.... Der Name des Astrolabion, welches Martin Behaim an den großen Mast befestigte, gehört ursprünglich dem Hipparch."

„Regiomontanus," sagt Humboldt in s. krit. Unters. I. 224, 221; II. 295, „war damals berühmt durch die Erfindung seines Meteoroscopes und das Astrolabium

---

*) Das Meteoroscop, obgleich der Horizont auch in 360 Grade eingetheilt, ist seinem Zwecke nach wesentlich vom Astrolabium ver= schieden, indem es kein Meßinstrument ist, wenn es auch die älteren Schriftsteller mit dem Astrolabium verwechselt zu haben scheinen. An die Stelle des verschollenen Regiomontan'schen Astrolabiums, welches keine weitere Ausbildung erfahren zu haben scheint, ist eigentlich der Theodolith getreten, der freilich nur zu Landbeobachtungen gebraucht werden konnte. Der Sextant ist übrigens auch dem Astrolabium verwandt, weil er den Winkel nach Graden giebt, aber das Wesent= liche des Sextanten ist und bleibt, daß er Winkel durch Spiegelungen mißt, ohne einen festen Standpunkt nöthig zu haben.

von Behaim, welches an den großen Mast des Schiffes
befestigt wurde, war vielleicht nur eine vereinfachte Nach-
ahmung desselben. Man findet Martin Behaim zu
Lissabon mit der Erbauung eines Astrolabiums beschäftigt, welches von großer Wichtigkeit für die Seefahrer
geworden ist." Auch im 2. Bande des Kosmos S. 300
spricht sich Humboldt dahin aus, daß Columbus bei
Durchschiffung des westlich von dem Meridian der azo-
rischen Inseln noch ganz unerforschten Meeres zur Ortsbestimmung das neu vervollkommnete Astrolabium
angewandt hat.

„Das Astrolabium," sagt unser berühmter Geograph
Karl Ritter,*) „war den Portugiesen zwar nicht ganz
unbekannt, aber zu plump und zu groß und auf dem
schwankenden Schiffe unbrauchbar. Noch war sein
Gebrauch bisher auf das Land beschränkt geblieben. Martin Behaim, der in den mechanischen
Werkstätten der Nürnberger, die damals die besten
Bussolen für alle Seefahrer Europa's lieferten, aufge-
wachsen, erfand ein feineres Astrolabium, das man als
Pendel an den Mastbaum so befestigen konnte, daß es
durch seine eigene Schwere bei mäßigen Schwankungen
des Schiffes doch noch seine senkrechte Richtung beibe-
hielt. Nach Andern hatte schon Regiomontanus ein

---

*) Geschichte der Erdkunde und der Entdeckungen. Vorlesungen
an der Universität zu Berlin gehalten von Karl Ritter. Herausgegeben von H. A. Daniel. Berl. G. Reimer. 1861. S. 254 u. 255.

solches Instrument gefertigt und Behaim wies es nur
bei der Kommission vor. Die Anwendung des neuen
Astrolabiums gab nun die glänzendsten Resultate, zumal
da auch die berühmten Ephemeriden des Regiomontanus
dazu benutzt werden konnten. Alle großen Seefahrer
der damaligen Zeit, wie Columbus, Vasco de Gama,
Cabot, Magalhaens haben durch Benutzung des Astro=
labiums ihre Entdeckungen zu Stande gebracht." Endlich
schreibt auch Dr. F. W. Ghillany in seinem ausgezeich=
neten Werke über Behaim *) — jedenfalls das Beste
und Ausführlichste, was überhaupt über diesen Seefahrer
publicirt worden ist — Folgendes: „Ptolemäus spricht
im dritten Kapitel des ersten Buches seiner Geographie
von einem Instrument, das ihm sehr gute Dienste zur
Auffindung der Länge und Breite der Orte geleistet habe.
Er nennt dieses Instrument μετεωροσκόπιον. Regiomon=
tanus construirte ein ähnliches Instrument, von welchem
er behauptete, daß es so ziemlich dasselbe sei, dessen sich
Ptolemäus bedient haben müsse. Er beschreibt dieses
Meteoroscopium in einem Briefe an den Cardinal Bessa=
rion, der sich am Schlusse einer Ausgabe von Petri Apiani
introductio geographica in Verneri annotationes

---

*) Geschichte des Seefahrers Ritter Martin Behaim nach den
ältesten Urkunden bearbeitet von Dr. F. W. Ghillany. Eingeleitet
durch eine Abhandlung über die ältesten Karten des neuen Conti=
nents und den Namen Amerika von Alexander von Humboldt. Nürn=
berg 1853. S. 39 u. 40.

excus. Ingolst. 1533 findet. Es wäre möglich, daß
Behaim dieses Instrument bei der Kommission in Vor=
schlag gebracht hätte. Wahrscheinlicher aber ist es, daß
er derselben ein verbessertes aus Metall gefertigtes, zum
Aufhängen eingerichtetes Astrolabium empfohlen habe,
wie sie schon damals Regiomontanus gebrauchte ...
Ohne Zweifel ist es dieses Instrument gewesen, welches
Behaim bei der Kommission in Vorschlag brachte und
dessen sich hernach alle jene großen Seefahrer, wie Co=
lumbus, Vasco de Gama, Cabot, Magalhaens ꝛc., bedienten."

Bei der Annahme von Humboldt, Ritter, Ghillany
u. A., daß das vereinfachte Meteoroskop des Regiomon=
tanus oder ein verbessertes Astrolabium von Martin Be=
haim, dem Schüler des Regiomontanus, i. J. 1484 der
Kommission oder Junta de mathematicos in Lissabon
vorgelegt worden, kann dasselbe vor dem genannten Jahre
1484 kein verbreitetes gewesen sein und ist wohl zuerst
auf Behaims afrikanischen Reisen (1484—1486) und
dann später auf den Reisen des Amerigo Vespucci (1497)
und Vasco de Gama (8. Juli 1497 bis 29. August
1499) in Gebrauch gewesen. Da Martin Behaim die
Expedition des Diego Cauo oder Cãm auf Befehl des
Königs Johann von Portugal als Astronom (nach Anderen,
z. B. nach Hartmann Schedel, als Patron oder Befehls=
haber eines Schiffes, s. Buch der Chroniken) auf seiner
Entdeckungsreise längs der Westküste Afrikas begleitet
und mit Hülfe dieses Astrolabiums schnell nach einander

6

280 geogr. Meilen von Nord nach Süd zurückgelegt
hat, so ist unzweifelhaft, daß das der Kommission an=
geblich vorgelegte verbesserte Astrolabium auf dieser Reise
angewendet worden. Dies geht u. A. auch daraus mit
Bestimmtheit hervor, daß, wie der berühmte italienische
Jesuit Maffei berichtet*), diesem Meteoroscop oder ver=
besserten Astrolabium die Portugiesen zuschrieben, daß
Jacob Canus (Diego Cano?) glücklich über die Linie
kam und das Königreich Congo entdeckte und daß, wie
Trigozo**) berichtet, Martin Behaim in Diego Cano's
Begleitung von seiner afrikanischen Reise, die sich bis
über das Cap Frio hinaus zum 22. Grad südlicher
Breite erstreckt hätte, zufrieden mit seinen Instrumenten
und würdig für solche Dienste die gebührende Belohnung
zu empfangen, zurückgekehrt sei. Mit Hülfe eines solchen
Instrumentes war es auch, wie Amoretti sagt, dem
Amerigo Vespucci gelungen, den Ort seines Schiffes,
das durch einen Sturm verschlagen worden war, mitten
im atlantischen Ocean (?) zu bestimmen, wozu er eine
Bedeckung des Mars vom Monde benutzte, die
Regiomontanus selbst für den Meridian von Ferrara
berechnet hatte („valendosi d'una congiunzione della

---

*) Hist. rer. indic. I. p. 11. Vergl. auch: Le istorie dell'
indie oriental del P. Gio. Petro Maffei I. 17. 19. 20.

**) Sebastião Francisco de Mende Trigozo. Aus den Me-
dorias de litteratura Portugueza publicadas pela Academia real
mas sciencas de Lisboa, tom VIII. Lisboa.

Luna con Marse, calcolata già dal Regiomontano medesimo pel meridiano di Ferrara, seppe, dissi, argomentare in qual luogo la nave trovarasi*). Humboldt hat diese von Vespucci gemachte Beobachtung einer Conjunction des Mars vom 23. August 1499 (es ist nicht gesagt, auf welchem Punkt der Küste) nach den von dem Florentinischen Seefahrer angeführten Ephemeriden des Regiomontanus geprüft und gefunden, daß nicht der geringste Zweifel darüber obwalten kann, ob das erwähnte Phänomen zur angegebenen Zeit eingetreten sei oder nicht. Die Ephemeriden des Regiomontanus für die Jahre 1484—1505 setzen diese Conjunction gerade auf Mitternacht. Sie sind für den Meridian von Nürnberg berechnet, welche Stadt, obgleich sie 2' 8' (Zeit) östlich von Ferrara liegt, eben so wie Mailand, Erfurt und Braunschweig damals als unter demselben Meridian gelegen betrachtet wurde.**)

Die Wichtigkeit des Astrolabiums für die damalige Zeit geht übrigens auch schlagend aus dem Briefe Vespucci's an Medici über die dritte Reise hervor, indem er u. A. sagt: „Wir wären ohne Ziel umhergeirrt (vagabondi), wenn ich nicht mit Hülfe des Astrolabiums und des Quadranten (quadrante astrologica)

---

*) Amoretti's Vorrede zu Pigafetta's Schrift über die Schifffahrt S. 266, f. Primo Viagio fatta del Cabaliere Antonio Pigafetta. Milano p. 208.

**) Humboldt: Krit. Unters. II. 505 und 512.

für meine und meiner Gefährten Rettung gesorgt hätte." In einem anderen Briefe vom Grünen Vorgebirge den 4. Juli 1501 schreibt Vespucci: „Durchgängig habe ich die Breite mit dem Astrolabium und dem Kreisquadranten nach eigenen Beobachtungen bestimmt." Auch in der Verhaltungsanweisung vom 22. März 1508 wird Vespucci beauftragt, die Steuermänner „über den Gebrauch des Astrolabiums und des Quadranten zu examiniren", welche Anweisung gewiß für die Wichtigkeit des noch nicht lange eingeführten Astrolabiums sprechen dürfte. Im Uebrigen — und dieser Bemerkung in Bezug auf Amerigo Vespucci möchten wir hier noch Worte geben — ist es eine Lüge, wie schon Schouer in Nürnberg i. J. 1533 bemerkt, und wie auch Humboldt in seinem Kosmos II. S. 339 nachgewiesen hat, daß Vespucci die Worte „Terra di Amerigo" listig in die von ihm umgeänderten Küstenkarten eingeschrieben hat. Der Name „Americi terrae" ist schon 1507 von dem Geographen Waldseemüller oder, wie er sich nach der damaligen Gelehrtensitte gräcisirt nannte, Martinus Hylacomylus aus Freiburg im Breisgau (Vorsteher einer Druckerei zu St. Dié in Lothringen) in einer kleinen Weltbeschreibung für den neuen Continent vorgeschlagen und der Neuen Welt für alle Zeiten beigelegt worden.

Columbus suchte, bemerkt v. Humboldt, krit. Unters. II. 6, indem er ein durchaus unbekanntes Meer durchlief und die Richtung seines Weges aus den Sternen mit Hülfe des Astrolabiums erforschte, das erst kurz zuvor erfunden worden war, Asien auf dem Wege gegen Westen nach einem beschlossenen Plan, nicht als Abenteurer, welcher sich nach Gutdünken dem Zufall überläßt. Columbus ist bekanntlich auch in dem festen Glauben gestorben, die Küsten von Asien aufge= funden zu haben. Die Idee, Amerika entdeckt zu haben, ist ihm bis zu seinem Tode fremd geblieben. Columbus war dergestalt mit der Idee erfüllt (f. Kosmos II. 304), daß Cuba ein Theil des Continents von Asien, ja das südliche Kathai (die Provinz Mango) sei, daß er am 12. Junius 1494 die ganze Mannschaft seines Ge= schwaders schwören ließ, „sie seien davon überzeugt, man köune von Cuba nach Spanien zu Lande gehen" (venir de España por tierra); wer von denen, welche es jetzt beschwören, einst das Gegentheil zu behaupten wagte, würde den Meineid mit 100 Hieben und dem Ausreißen der Zunge zu büßen haben." (Informacion del escri- bano publico Fernandez Perez de Luna in Navar- rete: Viages y descrubimientos de los Españoles T. II. p. 143—149.) Als Columbus auf der ersten Expedition sich der Insel Cuba nähert, glaubt er sich gegenüber den chinesischen Handelsplätzen Zaitun und Quinsay, will Briefe der katholischen Monarchen an den großen Mongolen=Chan (Gran Can) in Kathai abgeben und sendet einen Juden, Luis de Torres, ans Land, weil dieser Hebräisch, Chaldäisch und etwas Arabisch

versteht, was in den asiatischen Handelsplätzen gebräuch=
liche Sprachen sind. Wenn er so den ihm gegebenen
Auftrag erfüllet, wolle Columbus sogleich nach Spanien,
sei es zur See über Ceylon und rodeanto toda la
tierra de los Negros oder zu Lande über Jerusalem
oder Jaffa zurückkehren.*) Noch 1533 behauptet der
Astronom S ch o u e r, daß die ganze sogenannte N e u e
W e l t ein Theil von Asien (superioris Indiae) sei und
daß die von Cortez eroberte Stadt Mexiko (Temistitan)
nichts anderes sei als die chinesische von Marco Polo
so übermäßig gerühmte Handelsstadt Quinsay.**)

In dem berühmten Schiffsjournal des Columbus,
in dem oft des Streites mit Alonzo Pinzon über die
Länge des zurückgelegten Weges seit der Abfahrt von
Palos sowie der gebrauchten Sanduhren (ampolletas)
gedacht wird, wird weder das Log, la corredera noch
das Astrolabium erwähnt. Bei der Voraussetzung, daß
Columbus diese Instrumente gekannt haben muß und
sie als schon sehr gewöhnliche Mittel nicht zu nennen
nöthig erachtet hat, wie z. B. Marco Polo nicht des
Thee's und der chinesischen Mauer erwähnt hat, so kann
dieses Stillschweigen nicht verwundern, wenn es sich eben
um eine längst bekannte Sache handelt. Daß Columbus

---

*) Reisejournal des Columbus von 1492 in Navarrete Viajes
I. 37, 44 und 46.
**) Ioannis Schoneri Carlostadii Opusculum geographicum.
Norimb. 1533. Pars. II, cap. 1—20.

auf feiner Reife zur Ortsbeftimmung das neu vervoll=
kommnete Aftrolabium angewandt hat, dafür fpricht
fich u. A. Humboldt in f. Kosmos II. S. 300 aus,
wie wir fchon oben bemerkt.

Wir haben hier der Vollftändigkeit wegen alle die
obigen Angaben der betr. Schriftfteller in Bezug auf
das Aftrolabium zufammengeftellt, ohne auf die vielbetonte
Verbefferung des Aftrolabiums durch Regiomontanus felbft
näher einzugehen, die auch auffallender Weife von keinem
der oben genannten Schriftfteller näher angedeutet wird.
Worin hat nun diefe angebliche Verbefferung beftanden? Um
diefe Frage ftrikte beantworten zu können, muß darauf hinge=
deutet werden, daß das Wort „Aftrolabium" einen doppelten
Sinn hat. Unter Aftrolabium verftand man, womit
auch die mir gewordenen brieflichen Mittheilungen
Dr. Breufings übereinftimmen, zur Zeit des Regiomon=
tanus das, was man jetzt ftereographifche Projection der
Kugeloberfläche in der Ebene nennt. Diefe Projection
diente, auf Meffing gezeichnet, zur graphifchen geometri=
fchen Auflöfung fphärifcher Aufgaben, da die Rechnung
— der reine Calcül — vor Ausbildung der Trigono=
metrie mit großen Schwierigkeiten verknüpft war. Wir
haben über diefe ftereographifche Projection ein Werk von
dem berühmten Aftronomen Ptolemäus. Daffelbe be=
handelt fie aber nur als Polarprojection. Regio=
montanus' Verbefferung bezieht fich wohl darauf, daß
er der Erfte gewefen, der fie auch als Horizontal=

projection entworfen hat. Diese Projection hat Re=
giomontanus verbessert, nach ihm haben Stöffler und
Gemma Frisius (Astrolabium catholicum) dieselbe be=
schrieben.

Aus dem Alterthume haben wir neben anderen
werthlosen Methoden die Kugeloberfläche in der Ebene
darzustellen oder zu projicieren (ich nenne das: Verebenen
der Kugeloberfläche) die folgenden drei höchst wichtigen
überkommen, die wir jetzt 1) die Centralprojection, 2)
die orthographische Projection, 3) die stereographische
Projection nennen. Diese Namen haben sie früher nicht
geführt; ursprünglich hießen sie 1) Horoscopium, 2)
Analemma, 3) Planisphaerium. Ueber die beiden
letzteren sind uns noch Werke des großen Astronomen
und Geographen Ptolemäus erhalten, leider nicht in der
Ursprache, sondern in lateinischer Uebersetzung, die erst
wieder aus dem Arabischen übersetzt ist. Der Name
„stereographische Projection" rührt vom Jesuiten Fran=
cois Aguillon her und findet sich zuerst in dessen „Op-
ticorum libri VI. Antwerp. 1613. Erfunden ist sie
vom großen Astronomen Hipparch, wie uns Synerius
in seiner Schrift „De dono Astrolabii" berichtet (Sy-
nerii opera ed. Petau. Lutetiae 1612. Fol. pag.
310, B.). Aber der Ausdruck Planisphaerium ist noch in
Gebrauch bei unseren Astronomen. Wenn man die Welt=
kugel in „Zwei Planisphären" darstellt, so heißt das in:
„zwei stereographische Projectionen", wie man solche in

jedem Atlas, z. B. dem Stieler'schen, findet. Diese zwei
Planisphären sind zuerst gegeben von Gemma Frisius
und dann durch Mercator allgemein geworden.*) Wenn
es also um 1500 heißt: Regiomontanus habe das
Astrolabium verbessert, so heißt das in unserer jetzigen
Sprachweise: Regiomontanus hat die stereographi=
sche Projection verbessert. Und worin hat diese
Verbesserung bestanden? Wir haben früher bemerkt, daß
die „stereographische Projection" des Ptolemäus, um bei
dieser Benennung zu bleiben, lediglich eine „polare" ist.
Man unterscheidet bekanntlich bei allen jenen Projectionen
1) eine polare, wo das Auge im Pole ist, 2) eine äqua=
toriale, wo das Auge im Aequator ist, 3) eine horizon=
tale oder zenithale, wie man jetzt lieber sagt, wo das
Auge sich im Standpunkte des Beobachters auf der Erde
oder am Himmel befindet. Die Erdkugel in „Zwei Plani=
sphären", wovon ich oben sprach, ist eine äquatoriale
stereographische Projection. Regiomontanus hat, wie ich
glaube, zuerst die horizontale stereographische
Projection gelehrt. Mich bestärkt darin, daß Werner

---

*) S. Joannes Stoflerinus Justingensis in: Elucidatio Fab-
ricae ususque Astrolabii. Oppenheim 1513. Fol. sagt Fol. XXX
verso.

„Ptolemaeus appellat Astrolabium planam sphaeram aut
planisphaerium ex eo, quod ut sphaera extensa in plano."

Jordanus de planisphaerii figuratione, Venetiis 1558 apud
Aldum sagt im Anfange: „Sphaeram in plano describere planisphaerium sive astrolabium nominamus.

aus Nürnberg (1514), der auch anderes von Re=
giomontanus entnommen hat, bekanntlich zuerst
die horizontale stereographische Projection für Landkarten
bekannt gemacht und empfohlen hat. Dann aber spricht
für diese Behauptung ganz entschieden, daß auf dem von
Regiomontanus i. J. 1468 noch in Italien oder Wien
jedenfalls lange vor seiner Ankunft in Nürnberg ange=
fertigten und noch jetzt auf der Nürnberger Stadtbiblio=
thek aufbewahrten Astrolabium die stereographische
Horizontalprojection angewandt ist, wie dies auch
aus der Abbildung dieses merkwürdigen Astrolabiums in
dem obengenannten Ghillany'schen Werke über die „Ge=
schichte des Seefahrers Ritter Martin Behaim" ganz
klar zu ersehen ist, wenn auch auffallenderweise Dr. Ghillany
diese wichtige stereographische Horizontalprojection des
Regiomontanus nicht erwähnt und betont hat.

Diese Verbesserung des Astrolabiums durch Regio=
montanus ist kein geringes Verdienst, denn durch diese
Verbesserung wurde das Astrolabium ein vorzügliches
Instrument, welches nicht bloß geeignet war, die Höhe
der Sonne oder Sterne zu messen, sondern auch ein
Mittel bot, diese Beobachtungen sogleich zu benutzen,
um durch die gezeichnete stereographische Horizontalpro=
jection die geographische Ortsbestimmung festzustellen. Die
Wichtigkeit dieses Messungsinstrumentes für die Vervoll=
kommnung der Seeschifffahrt ist in die Augen springend
und braucht nicht näher besprochen zu werden. Die

stereographische Projection diente früher und dient auch
noch (englische Werke lehren es) zur Auflösung sphäri=
scher astronomischer Aufgaben durch Zeichnung statt
durch trigonometrische Rechnung. Die Logarith=
men, die man zur Zeit des Regiomontanus noch nicht
gehabt, haben damit nichts zu thun; denn die Trigono=
metrie war vollständig ausgebildet, ehe die Logarithmen
erfunden wurden; diese waren wieder nur eine Erleich=
terung der trigonometrischen Rechnungen. Die
von Regiomontanus gezeichnete stereographische Horizontal=
projection diente dazu, die Frage aus der sphärischen
Astronomie graphisch zu lösen und verschiedene Fragen,
die sich auf die Navigation beziehen und die zur sphäri=
schen Astronomie gehören, wurden immer graphisch gelöst.

In dieser stereographischen Horizontalprojection hat
demnach die sog. Verbesserung des Astrolabiums durch
Regiomontanus bestanden, nicht aber, wie man anzuneh=
men geneigt ist, in einer Verbesserung des Instrumentes
selbst. Mit dem Astrolabium als stereographischer Pro=
jection war ein Alhidade verbunden, mit Dioptern ver=
sehen, um Winkel zu messen; nebenbei war also dasselbe
auch ein Winkelmeßinstrument. Aber an dieser
einfachen Vorrichtung ist nie etwas zu verbessern ge=
wesen und daran hat auch Regiomontanus nichts ver=
bessert.

Aus all' dem Gesagten geht hervor, daß Regiomonta=
nus ein dem ptolemäi'schen Meteoroscop ähnliches Instrument

verfertigt hat (s. Brief des Regiomontanus an den Car=
dinal Bessarion in der Ausgabe von Petri Apiani introductio geographica in Verneri annotationes
excus. Ingolst. 1533.), daß er auch „Astrolabien"
hergestellt, wie die aus seiner Werkstatt hervorgegangenen
und noch jetzt auf der Nürnberger Stadtbibliothek auf=
bewahrten Instrumente dieser Art beweisen, daß er auf
seinen Astrolabien die stereographische Projection ver=
bessert, indem er auf demselben zuerst die stereographi=
sche Horizontalprojection angewandt hat und daß sein
Schüler Martin Behaim dieses für die Seeschifffahrt da=
mals wichtige Instrument der mathematischen Junta in
Lissabon eben so gut vorgezeigt und empfohlen haben
kann, als dieß der mit den nautischen Kenntnissen der
Catelaner und Majorcaner vertraute Rodrigo und der
in den astronomischen Schriften der Araber bewanderte
Jude Josepe mit dem damals gebräuchlichen Astrolabium
(ohne stereographische Horizontalprojection) gethan.

Martin Behaim, der Schüler des Regiomontanus,
hat aber nicht nur das Regiomontan'sche Astrolabium
mit der verbesserten stereographischen Projection der ma=
thematischen Kommission in Lissabon vorgelegt, sondern
auch den von Regiomontanus erfundenen Jakobsstab
in die portugiesische Marine eingeführt, wie aus Folgen=
dem hervorgehen wird. Ohne daher auf die „vielum=
strittene Astrolabiumfrage" zu großes Gewicht legen zu
wollen, die überdieß für den Ruhm des Regiomontanus

von keiner entscheidender Bedeutung ist, wird es von
größerer Wichtigkeit sein, nachzuweisen, daß Regiomon=
tanus den Gradstock oder Jakobsstab erfunden und
Behaim, sein Schüler, dieses Instrument des
Regiomontanus in die portugiesische Marine
eingeführt hat. Dr. Breusing, Director der Steuer=
mannsschule in Bremen, hat in seiner vortrefflichen Ab=
handlung „Zur Geschichte der Geographie. Regiomon=
tanus, Martin Behaim und der Jakobsstab.*) diesen Be=
weis streng wissenschaftlich zu führen versucht und ist
dabei von folgenden Voraussetzungen ausgegangen.

Anknüpfend an eine Stelle in der Asia des João
Barros Dec. I. Lib. IV. b, die darauf hindeutet, daß
die indischen Steuerleute Höhenmessungen der Gestirne
gekannt, aus der aber nicht, wie einige namhafte Geo=
graphen versucht haben, gefolgert werden kann, daß das
Astrolabium und der Jakobsstab im indischen Ocean bei
Ankunft der Portugiesen bereits bekannt gewesen oder daß
Vasco de Gama den bei arabischen Indienfahrern in
Gebrauch gewesenen Jakobsstab 1499 nach Europa ge=
bracht hätte, weist Dr. Breusing nach, daß die Seefahrer
des Rothen Meeres und des Indischen Oceans weder
das Astrolabium noch den Jakobsstab gehabt und daß
Vasco de Gama um so weniger nöthig hatte, den Grad=
stock nach Europa zu bringen, als dieser dort schon seit

---

*) Zeitschr. d. Gesellsch. f. Erdk. Bd. IV.

einem Menschenalter benutzt wurde und daß sein Erfinder
kein geringerer als Regiomontanus gewesen. Die genaue
und verständliche Beschreibung dieses Jakobsstabes (ba-
lestilha ist der portugiesische Name für den Jakobsstab,
der bei den deutschen Seefahrern „Gradstock", bei den
englischen cross-staff, bei den französischen arbalète
hieß) gibt Regiomontanus in der von ihm, wie man
glaubt, bei Gelegenheit des im Jahre 1472 erschienenen
großen Cometen verfaßten, von uns schon früher ange=
führten Schrift,*) die von Joh. Schoner zuerst 1531
allein und dann später mit mehren anderen Schriften des
Regiomontanus vereinigt noch einmal im Jahre 1544
herausgegeben wurde.

Regiomontanus, der zuerst die Cometen in den
Kreis astronomischer Bestimmungen hineingezogen und
bei seiner Anwesenheit in Nürnberg (1471—1475) Ge=
legenheit hatte, bei Beobachtung des i. J. 1472 erschie=
uenen Cometen Untersuchungen über die Parallaxe dieser
Himmelskörper anzustellen, sagt in dieser erwähnten Schrift
im Probl. XII.:

„Um den scheinbaren Durchmesser eines Cometen
zu bestimmen, nehme man einen glatten Stab AB und
theile ihn von A aus in gleiche Theile, je mehr desto
besser. Befestige an ihm unter rechtem Winkel verschieb=

---

*) Joannis de Monteregio: De cometae magnitudine longi-
tudineque ac de loco ejus vero problemata XVI.

bar einen Querstab CD, dessen beide Arme gleich lang
sein müssen. Theile ihn genau in eben solche Theile,
wie sie auf dem Stabe AB eingeschnitten sind; befestige
in den Punkten A und C und D drei Visiernadeln und
das Instrument ist fertig. Die Beobachtung aber ge=
schieht so: Lege das Ende A an das rechte Auge, schließe
das linke, richte den Längsstab AB auf den Mittelpunkt
des Cometen und verschiebe den Querstab, bis er den
Durchmesser des Cometen gerade deckt. Darauf lies
die Anzahl der Theile ab, welche zwischen dem Punkte
A und dem Querstabe CD liegen und gehe damit in
eine eigens dafür bestimmte Tafel ein, deren Berechnung
ich an einem anderen Orte erklären werde, und Du
findest den Durchmesser des Cometen."

"Diese Beschreibung des Gradstockes, sagt Dr. Breu=
sing, ist so verständlich, daß es nicht einmal nöthig er=
scheint, die Figur beizufügen, die der lateinische Text
enthält. Nur mag erwähnt werden, daß Regiomontanus
den Querstab in 210 Theile theilt und daß die Theilung
auf dem Längsstabe bis zu 1300 geht. Was die er=
wähnte Tafel betrifft, so unterliegt es wohl kaum einem
Zweifel, daß damit die Tafel der trigonometrischen Tan=
genten gemeint ist, auf der ja die Berechnung der Winkel
bei diesen Instrumente beruht und die unter dem Na=
men: „Tabula fecunda" von Regiomontanus in die
Wissenschaft eingeführt ist. Wenn aber diese Schrift über
den Cometen wirklich erst im Jahre 1472 abgefaßt ist,

so muß die Erfindung des Gradstockes doch schon früher fallen. Denn in den von Schouer im Jahre 1544 herausgegebenen Beobachtungen Regiomontan's findet sich unter dem Jahre 1471:

Die 9. Septembris mane Mars ab humero dextro Orionis 210 : 674; a capite Gemini praeced. und septentr. 210 : 622, wo die Zahl 210 die des Querstabes am oben beschriebenen Gradstocke ist. Es geht aus dieser Beobachtung zugleich hervor, daß Regiomontanus mit dem Jakobsstabe keineswegs bloß den Durchmesser des Cometen gemessen hat, sondern daß er ihn schon zu der noch von Tycho de Brahe häufig angewendeten Ortsbestimmung eines Gestirnes durch Messung seines Abstandes von zwei anderen benutzte."

Regiomontanus hatte selbst dem Instrument keinen Namen gegeben. Auch ist unbekannt, woher der Name Jakobsstab genommen sein mag. Dieses Instrument (Winkelmesser) nennt Bernhard Walther rectangulum astronomicon, der Nürnberger Mathematiker Johannes Werner, der u. A. eine von Regiomontanus unvollendete Uebersetzung der Geographie des Ptolemäus 1514 mit Anmerkungen und Zusätzen herausgab, in welchem Werke zum erstenmal der Vorschlag, geographische Längen durch Monddistanzen zu bestimmen, gemacht und zu ihrer Beobachtung der Jakobsstab empfohlen wurde, nennt es radius visorius oder observatorius und Apian bezeichnet es als baculus astronomicus und radius

astronomicus. Unter diesem letzteren Namen, der unter
den Astronomen der gebräuchliche geworden, hat es auch
in nicht astronomischen Kreisen Aufnahme und Verbrei=
tung gefunden. In des Oppenheimer Stadtschreibers
Jakob Köbel: „Geometrey, vom künstlichen Messen.
Mainz 1535." findet Dr. Breusing zuerst den Namen:
Jakobsstab. „Schwerlich wird Köbel's Vorname dazu
Veranlassung gegeben haben; sollte vielleicht darin eine
Anspielung auf Genesis 32, 10 liegen, auf den atlanti=
schen Ocean als Jordan, und die neue und die alte
Welt als die beiden Heere? Daß die Spanier diesen
Namen später gern gebrauchten, erklärt sich daraus, daß
St. Jago ihr Nationalheiliger ist." Doppelmayr, der
in s. hist. Nachr. von den Nürnberger Mathematicis
S. 7 auch auf die, wie oben bemerkt, von Regiomon=
tanus in Nürnberg zu Stande gebrachten Instrumente:
Radios Hipparchicos oder Ptolemaicos, Regulas Ptolemaei, Armillas, Quadrata, Geometrica, Torqueta
u. s. w. zu sprechen kommt, ist sogar der Meinung, daß
die erste Gattung astronomischer Instrumente eine von
den ältesten sei, deren Erfindung verschiedene Autoren
dem Patriarchen Jacob (?) zu eignen, daher man es ins=
gemein Baculum Jacobi nennt, welches man sonst, da es
Hipparch und Ptolemäus zu ihren Beobachtungen ver=
wendet haben sollen, auch Radium Hipparchium und
Ptolemaicum, dann aber auch Instrumentum Trian-
guli und Rectangulum nennt.

„Obwohl von allen erwähnten Schriftstellern, bemerkt Dr. Breusing, Niemand des Regiomontanus als eigentlichen Erfinders gedenkt, so war derselbe als solcher doch nicht so vollständig vergessen, als dieß heutzutage der Fall ist; und es ist von besonderer Bedeutung für uns, daß sich gerade in Portugal sein Andenken erhalten hat. Nonius sagt in seinem Werke: De regulis et instrumentis (Conimbr. 1546.) Lib. II. Cap. 6, wo er den Gradstock beschreibt: Ejus fabricam atque usum tradidit Johannes de Monteregio in libro de Cometa. Daß der Gradstock nicht sofort allgemein Eingang gefunden und z. B. in Spanien noch um das Jahr 1550 unbekannt war, darf uns nicht Wunder nehmen, hat es doch mehr als 50 Jahre bedurft, ehe ein im Verhältniß ungleich vollkommeneres Instrument, als es der Gradstock im Vergleiche mit dem Astrolabium war, ehe der Hadley'sche Spiegeloctant den Gradstock und den Davisquadranten verdrängt hatte."

Kommen wir jetzt zum Schlußpunkt unserer Monographie. Wenn Regiomontanus durch den von ihm erfundenen Gradstock oder Jakobsstab, der während dreier Jahrhunderte nebst dem Compaß das wichtigste Werkzeug in den Händen der Seeleute gewesen ist, der Seeschifffahrt große Dienste erzeigt hat, so ist dieß in noch größerem Grade von den Ephemeriden des Regiomontanus zu sagen, die weder mit dem Astrolabium noch mit dem Jakobsstab etwas zu schaffen haben.

Aus dem Schiffsjournal des Columbus, von dem
wir einen Auszug bei Navarrete T. I. p. 13 besitzen,
dessen Berichte erst 1825 bis 1829 veröffentlicht worden,
wissen wir mit Bestimmtheit, daß der Admiral die Ephe=
meriden des Regiomontanus am Bord gehabt;
denn er sagt selbst, daß er vermittelst dieser Ephemeriden
den Eingeborenen eine Mondfinsterniß vorausgesagt
hätte. Diese Mondfinsterniß vom 29. Febr. 1504 (s.
Buch der Profecias des Columbus Bl. LXXVI, Te=
stament des Diego Mendez, Navarrete T. I, p. 325,
T. II. p. 272, Vita, cap. 103) hatte Columbus drei
Tage zuvor den Indianern auf Jamaica vorhergesagt,
um sie in Schrecken zu setzen und zu zwingen, neue
Nahrungsmittel herbeizuschaffen. „Man braucht keines=
weges anzunehmen, bemerkt Humboldt in s. krit. Unters.
II, S. 223, daß die Vorhersagung der Finsterniß sich
auf eine selbständige Berechnung des Columbus grün=
dete; denn der Admiral hatte nämlich ohne Zweifel
astronomische Ephemeriden am Bord und höchst
wahrscheinlich die des Regiomontanus, welche die Jahre
1475—1506 umfassen. Diese Annahme erhält um so
größere Wahrscheinlichkeit, wenn man bedenkt; daß Co=
lumbus in die Bestimmung der Längen durch Beob=
achtung der Mondfinsternisse ein völliges Ver=
trauen setzte und er sich schon in dem Tagebuche seiner
ersten Reise vornahm, „die Conjunction des Jupiter und
Mercur und die Opposition des Jupiter zu beobachten",

Erscheinungen, welche sonder Zweifel in den am Bord seines Schiffes befindlichen Ephemeriden angegeben waren. Der Freund des Columbus, Vespucci, sagt ausdrück= lich in einem Briefe an Lorenzo di Pierfrancesco de Medici (Bandini p. 72), daß er sich während der Jahre 1499 und 1500 „des von Giovanni de Mon- teregio für den Meridian von Ferrara berechneten Al= manachs" bedient hat."

Auch Oscar Peschel in seiner vortrefflichen „Ge= schichte des Zeitalters der Entdeckungen" sagt S. 118, daß Colon und Amerigo Vespucci auf ihren Seereisen die Ephemeriden des Regiomontanus mit sich geführt und daß die Mondfinsterniß am 14. September 1494 ihm (Columbus) einen westlichen Abstand der Insel Saona an der Südostspitze Haiti's von Cap San Vincente von $82^0 \frac{1}{2}$ (statt 59^0 $40'$) und die Verfinste= rung vom 29. Februar 1504, welche Columbus den Eingeborenen Jamaikas aus Regiomontan's Ephemeriden voraussagte, einen westlichen Abstand von Cadix für seinen Lagerplatz nahe an der Ostspitze Ja- maica's von 108^{03} ' gegeben hätte, während er nur 70^0 finden durfte (Navarrete Coleccion, tom. II, p. 272).

Ueber die große Bedeutung und Wichtigkeit der Ephemeriden können wir auf das zurückweisen, was wir S. 26 und 62 ꝛc. bemerkt haben. In der That haben die mit dem allgemeinsten Beifall aufgenommenen Ephe= meriden des Regiomontanus, die Columbus offenbar bei seinen Rechnungen zum Grunde legte,*) unzweifelhaft in der Epoche der großen nautischen Entdeckungen eine wichtige Rolle gespielt. Ohne sie würde die Schiffsrechnung ohne alle Kontrolle, nicht mehr als schwankende Vermuthung gewesen sein, ohne sie hätte die Gestalt und Lage der neuentdeckten Länder nicht so bald verzeichnet werden können.

Aus all' dem Gesagten geht hervor, daß Regiomontanus nicht nur als einer der eifrigsten Beförderer der griechischen Sprache und Literatur in Deutschland, ferner der Mathematik, der Algebra und Trigonometrie, der Mechanik, als erster deutscher Kalenderherausgeber, sondern auch als der Verbesserer des Astrolabiums in Bezug auf die stereographische Horizontalprojection, als Erfinder des Gradstockes oder Jakobsstabes und als Verfasser der weltberühmten Ephemeriden zu betrachten ist. Durch die Benutzung seiner astronomischen Instrumente und vornehmlich seiner Ephemeriden hat Regiomontanus die deutsche Astronomie mit der iberischen Nautik verbunden, die Küstenschifffahrt in eine Seeschifffahrt umzuwandeln ermöglicht und jenen berühmten Seefahrern: Columbus, Vespucci, Vasco de Gama, Magalhaens u. A. die Füglichkeit an die Hand gegeben, mit Sicherheit sich weiter in den Ocean hinauszuwagen und ihre weltgeschichtlichen Entdeckungen zu Stande zu bringen.

---

*) S. Humboldt, krit. Unters. I. S. 541

Wenn sich Deutschland an den großen geographi=
schen Entdeckungen des 15. und 16. Jahrhunderts direct
nicht betheiligt hat, so sind es doch deutsche Gelehrte
gewesen, welche durch ihre Arbeiten in Werkstatt und
Studirstube ihnen den wesentlichsten Vorschub geleistet
haben. In so fern kommt auch unserem berühmten
Landsmann Regiomontanus, eben so wie Martin Be=
haim, sicherlich das Verdienst zu, ein Vorläufer des
Columbus und somit für die Entdeckung Amerika's von
wesentlichem Nutzen gewesen zu sein. In dieser Be=
ziehung haben, wie ich schon in einer früher erschienenen
Schrift*) bemerkt, neben den Italienern, Spaniern, Portu=
giesen und Franzosen auch die Deutschen in Folge der
natürlichen hohen Begabung des germanischen Geistes
Theil an der Ehre auf die Entdeckung und Entwicklung
Amerika's eben so bedeutend als wohlthätig eingewirkt
zu haben.

Wie die Kolossalbüsten des Regiomontanus in der
Walhalla bei Regensburg und in der Aula des Gym=
nasiums zu Coburg, die in Nürnberg von Burgschmiet
i. J. 1832 in der dortigen Kreisgewerbschule aufgestellte
Statue in Bronze und das in seinem Geburtsort Königs=
berg am 12. September 1871 enthüllte Standbild die
Verdienste des berühmten Mannes verewigen und diese

---

*) Martin Behaim aus Nürnberg. Der geistige Entdecker
Amerika's. Von Alexander Ziegler. Dresden 1859.

sichtbar vor unseren Augen als eine Erinnerung an die vergangene große Zeit hinstellen sollen, so möge auch diesen vorliegenden Untersuchungen vergönnt sein, einen neuen, frischen Lorbeerzweig zu dem blühenden Kranze deutscher Wissenschaft bescheiden beizufügen und zu einer immer größeren und gerechteren Anerkennung des Regiomontanus beizutragen, der mit Recht ein wahrhaft großer, deutscher Mann genannt werden kann.

ND - #0099 - 221124 - C0 - 229/152/6 - PB - 9780243962297 - Gloss Lamination